千古奇文 · 制胜谋学

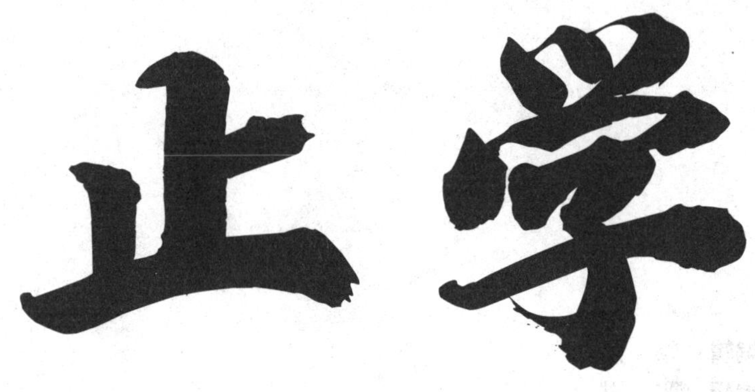

# 止学

[隋] 王通 · 著

龙翔 · 评

苏州新闻出版集团

古吴轩出版社

图书在版编目（CIP）数据

止学 / (隋) 王通著 ; 龙翔评. -- 苏州 : 古吴轩出版社, 2025. 5. -- ISBN 978-7-5546-2575-0

Ⅰ. B241.1

中国国家版本馆CIP数据核字第2025JM3630号

**责任编辑：** 顾　熙
**见习编辑：** 张　君
**策　　划：** 程向东
**封面设计：** 言　成

**书　　名：** 止学
**著　　者：** [隋]王通
**评　　者：** 龙　翔
**出版发行：** 苏州新闻出版集团
古吴轩出版社
地址：苏州市八达街118号苏州新闻大厦30F
电话：0512-65233679　　邮编：215123
**出 版 人：** 王乐飞
**印　　刷：** 大厂回族自治县彩虹印刷有限公司
**开　　本：** 670mm × 950mm　1/16
**印　　张：** 13.5
**字　　数：** 170千字
**版　　次：** 2025年5月第1版
**印　　次：** 2025年5月第1次印刷
**书　　号：** ISBN 978-7-5546-2575-0
**定　　价：** 56.00元

# 前言

《止学》乃隋代思想家王通所著，该书深入探讨了处世哲学，在传统文化中占据着极其重要的位置。南怀瑾对王通的成就给予了极高的评价，他指出：尽管孔子培养了三千弟子，但其功业上的直接成就并不显著；相反，王通在短短几十年间影响了李靖、房玄龄、魏徵、陈叔达等一批年轻人，他们都是贞观盛世的名臣。

《止学》是一部奇书，它的奇特之处在于，它不仅指导人们在成功时应采取行动（即“进”），更强调在特定情境下适时停止行动的重要性（即“止”）。“进”和“止”是语义相对的两个字。“进”常常被人们推崇，而“止”却鲜少被人们践行，甚至常常被人们轻视。对“止”的无知和轻视，导致人们无限放大“进”的作用，最终可能会引发各种问题。

老子在《道德经》中说：“知足不辱，知止不殆，可以长久。”《礼记·大学》中亦有言：“知止而后有定，定而后能静，静而后能安，安而后能虑，虑而后能得。”两者都强调了“知止”的重要性，以及由此带来的积极效果。老子在这里强调的是一种适度和节制的生活态度，即不要过分贪求和放纵，这样才能实现长久的安宁和幸福。《礼记·大学》中则阐述了“知止”带来的连锁反应，强调了“知止”对于提高个人修养和取得事业成功的重要性。而《止学》吸收了儒、道学说中关于“止”

的精髓，并且更进一步阐述了“止”和“进”的辩证关系，解决了人们在行动中“应该做什么”和“不应该做什么”的问题，具有极高的实用价值。王通强调，唯有处于“止”的状态，人们方能深刻领悟到“进”的意义，进而于行动中实现极致成效。

那么，当止则止，应止于何时呢?《礼记·大学》中有言：“止于至善。”“止”存在于“至善”之处。“至善”是一个度，一个均衡点，体现了儒家“执其两端，用其中于民”的原则。同时，“至善”也是人通过修炼所能达到的最佳状态，这是人的主观追求。而客观上，这种追求的实现受到多种因素的限制，具有不确定性。因此，人们在追求“至善”的过程中，必须学会适时地“止”，以避免过度追求导致的失衡和灾难。只有在“止”的状态下，人们才能真正体会到“至善”的境界，从而在行动中保持适度，避免走向极端。同样，“止”并非消极地放弃，而是对自我思想及行为的准确掌控。在人生的道路上，我们常常面临各种选择，“止”是一种智慧，让我们能够在复杂多变的环境中保持冷静和清醒，从而更好地把握时机，做出明智的决策。

在当今社会，人们面临着各种诱惑和压力，往往容易陷入无休止的追逐之中。学会适时地“止”，我们才能在纷繁复杂的世界中找到内心的宁静，实现真正的自我超越。现代社会既重视进步，如科技和文化的发展，也强调“止”的必要性，例如科技创新时须考虑伦理道德。进步须伴随对风险的审视，但过度保守可能阻碍社会进步。因此，“进”与“止”应寻求平衡，既要开拓创新，又要保持稳健。在个人和国家的发展中，平衡“进”与“止”至关重要。在追求目标的过程中，适当地“进”是必要的，但过度地追求可能导致盲目和无序的状态出现，此时需要“止”来调整和反思，以确保前进的方向正确。反之，当目标明确且条件成熟时，“止”则成为积累和预备的力量，为下一次的“进”做好准备。

最后需要指出，《止学》的智慧不仅体现在对“止”的深刻理解上，更在于它提供了一套完整的人生哲学和处世谋略。从古人智慧的发展中，我们可以看到智谋的演变过程，时代在变化，我们需要将古人的智慧与现代人的思维相结合——这也是此次成书的目的所在。

当然，《止学》的内容远不止以上所述，它博大精深、包罗万象、充满玄机。要想真正领悟其中的奥妙，还需细细研读、慢慢品味。也许，我们一生也只能领悟到其中的皮毛。

# 目录

## 智卷一 » 002



## 用势卷二 » 022

## 利卷三 » 042



## 辩卷四 » 062



## 誉卷五 » 082

# 心卷九 » 162



# 修身卷十 » 182

止学

原文

智极则愚也。

译文

聪明过头就是愚蠢了。

**点评**

“美国文明之父”爱默生曾经说过：“聪明人并不是无论何时都聪明。”爱默生对“聪明”的理解，与“知止”的理念不谋而合。

有些人认为：只要足够聪明，就能将他人玩弄于股掌之间；只要布下的局天衣无缝，就能够操纵一切。但人算不如天算，他们最终反而将自己困于其中。

运用智谋就像走钢丝，走得太远，最终会失去平衡，跌入深渊。诚如曹雪芹笔下所言：“机关算尽太聪明，反误了卿卿性命。”滥用智谋，实际上是害人害己的愚蠢行为。

常言道：“精三分，傻三分，留下三分给子孙。”在为人处事上，切忌过于精明，不留余地。

适度的精明可以避免吃亏，适当的愚笨则能保全自身。

# 智伯瑶水灌晋阳

## 晋国势力最大的氏族智氏为何被灭？

春秋末期，晋国势力最大的氏族是智氏。智氏族长智伯瑶聪明绝顶，他假借增强晋国国力之名，向赵襄子、韩康子、魏桓子索要城邑。赵襄子坚决拒绝这一要求，智伯瑶遂联合韩、魏两家共同攻打赵氏，赵襄子被迫退守至地势险峻的晋阳城。智伯瑶引晋水灌入晋阳，逼迫赵襄子投降。在与韩康子、魏桓子视察水情时，智伯瑶得意扬扬地说："我今天才知道，水也可以使一个国家灭亡呀！"韩康子与魏桓子相顾无言，但彼此之间却心领神会——绛水可以灌韩都平阳，汾水可以灌魏都安邑。

面对灭顶之灾，赵襄子以"唇亡齿寒"之理游说韩、魏两家，韩康子、魏桓子担心自己遭受同样的灾难，因此答应帮助赵襄子。第二天夜晚，三家联手将河水改道，反淹智氏军营，随后发起猛烈进攻。智氏全军覆没，智伯瑶亦命丧当场。

## 滥用智谋，害人害己。

智伯瑶夺取赵氏土地不成，又以水淹晋阳，意图一举摧毁赵氏，却不料反害己身，最终丧命。智伯瑶本应采取更为稳健的策略，来逐步增强晋国的实力，然而，他选择了贪婪且短视的路径，通过欺诈和压迫来扩大势力，这一策略最终导致了智氏的毁灭。

## 身死家破，三家分晋。

智伯瑶死后，赵、韩、魏三家瓜分了晋国，史称"三家分晋"。智伯瑶的败亡向我们展示：在追求利益的过程中，不能过度依赖巧智诡计。为人处世，切忌精明过头，应重视与他人的合作与共赢，以稳健且长远的视角来规划自身的发展。只有这样，我们才能在复杂多变的社会环境中立于不败之地。

原文

圣人不患智寡，患德之有失焉。

译文

圣人并不担心自己的智慧不足，而担心自己的德行有所缺失。

## 点评

古语有云：德才兼备，以德为先。

才智固然重要，但德行更是衡量一个人是否伟大的关键标尺。

圣人之所以为圣，不仅是因为他有解决问题的才能，更是因为他能以德行引领世人、造福社会。

圣人不以才智谋取私利，而是将才智用于正道，以德行感化人心。他的言行举止如春雨，润物无声，赢得了世人的尊敬与爱戴。

相反，德不配位，必有灾殃。如果一个人过分追求智谋，却德行有失，那么他必将难逃众叛亲离、身败名裂的悲惨命运。

# 刘备携民渡江

## 弃城南渡，百姓如何安置？

东汉末年，刘备大败曹军于新野后，转移至樊城驻扎。曹操为雪前耻，亲率大军直逼樊城。刘备难以固守，于是决定渡江前往襄阳。但他不忍抛弃百姓，因此广贴告示，言明情由，并称：愿意跟随的民众，可以一起渡江。城中百姓得知消息后，纷纷表示愿意跟随。刘备命令关羽准备船只，百姓们扶老携幼，哭声震天。刘备站在船头，流着泪悲叹道："我让百姓遭此大难，有何脸面活在世上！"说完便要投江自尽，幸得左右及时劝阻。到达南岸后，刘备回望江北，见许多百姓仍在对岸挥手呼救，他心急如焚，立刻命令关羽全力救助百姓。直到大部分百姓安全渡江，刘备才骑马离开。

## 以德待民，共克时艰。

生死关头，刘备始终将百姓的安危放在首位。除了携民渡江，在每一次战役之后，无论是胜是败，刘备总是心系百姓的伤亡和生计。他命令军队重建被战火摧毁的村庄、救济流离失所的民众，甚至亲自下田耕作，与百姓同甘共苦。这样的举动，让刘备在民间赢得了极高的声望，百姓们纷纷称颂他为"仁君"。

## 民心所向，大业初成。

刘备的德行赢得了天下人的敬仰与追随，人们相信，跟随刘备这样的仁君，不仅能够实现个人的抱负，更能为天下苍生谋得一份安宁与幸福。这份道德感召，最终汇聚成一股不可阻挡的力量，推动着蜀汉王朝的诞生。

原文

才高非智，智者弗显也。

译文

才能出众不等同于有智慧，有智慧的人并不轻易显露才能。

## 点评

所谓大智若愚，真正的智慧并不在于外在的炫耀或张扬，而在于内心的深沉与广博。

世界很复杂，我们要学会收敛自己的锋芒，不是因为畏惧或无力，而是懂得在适当的时候收敛光芒，更能显出其珍贵与不凡。

大智若愚之人，默默承载着岁月的磨砺与风雨的洗礼。他们如同深邃的大海，表面平静无波，内里却蕴藏着无尽的力量。

这种内敛与沉稳，不仅让他们在面对挑战时更加从容不迫，也让他们的智慧在关键时刻绽放出更加璀璨的光芒。

# 李白的狂放与错失

## 才情何以成为仕途的绊脚石？

“诗仙”李白才华横溢、诗文飘逸，名动天下。然而，正是这份狂放不羁的才情，让他在仕途上屡遭挫折，难以施展政治抱负。

李白性格豪放，常常在诗中直抒胸臆，表达对现实的不满与对自由的向往。他的才华确实为众多文人墨客所赞叹，但在官场中，这种过于直接的表达方式却让他显得格格不入。

李白的诗文曾被唐玄宗欣赏。玄宗召他入宫，亲自给他夹菜、调汤，又让他做了翰林供奉。李白本有机会施展才华，但相传他因为醉酒让高力士脱靴、让杨贵妃研墨等不羁行为，在官场上树敌众多，最终未能长久地留在朝中。

## 收敛锋芒，智慧处世。

李白的狂放虽有其独特的魅力，但在复杂的政治环境中，却成为他仕途的绊脚石。智者应当学会收敛锋芒，以更加成熟的方式处理人际关系，避免因直言不讳而引发冲突。

## 仕途坎坷，才情传世。

李白虽然有传世千古的才华，但在仕途上却屡遭挫折。他的故事告诉我们，生存于俗世凡尘，应当懂得适时收敛锋芒。当然，从另一角度来看，李白狂放不羁，以致郁郁不得志，虽是他个人的遗憾，却是中华文化的幸事。他的诗歌，以其独特的艺术魅力和深邃的思想内涵成为中华文化的瑰宝，影响了一代又一代的文人墨客。

原文

位尊实危，智者不就也。

译文

尊贵的地位实则暗藏危险，明智之人不会贪恋权位。

**点评**

位高权重，看似是荣华富贵，实则暗藏危险。

智者知晓，身处权力巅峰，虽能号令四方，却也极易成为众矢之的，稍有疏忽，便可能从云端跌落，陷入万劫不复之境。

因此，他们对待高位总是持谨慎态度，不轻言涉足，以免被无尽的纷争与阴谋吞噬。

# 范蠡泛舟五湖

## 权倾一时，进退如何抉择？

春秋末年的范蠡，以其非凡的智谋助越王勾践灭吴复国，功成之后，他们北上号令中原各国，勾践因此称霸，范蠡也被尊称为“上将军”。范蠡返回越国后意识到，在如此显赫的名声之下难以长久安居。他给勾践写了一封信，辞官告别。勾践极力挽留，范蠡却深知“鸟尽弓藏”的道理，于是暗自携带细软，与亲属乘舟浮海而去，再也没有回来。

## 功成身退，经商致富。

范蠡乘船漂洋过海到了齐国，他隐姓埋名在海边辛勤经营，没过多久，他就积累了数十万的财产。齐国人听说了他的贤能，便请他为相。范蠡不久后又请辞：“居家能积累千金，做官能至卿相的高位，这对于一个平民来说，已经是极致了。长久地享有尊贵的名声，并不是一件吉祥的事情。”于是他归还相印，又散尽家财，悄悄地离开，定居在陶地。没过多久，他又积累了巨额的财富。天下人都称他为“陶朱公”。

## 逍遥自在，超然物外。

两次放弃高官厚禄，选择隐姓埋名，经商致富，这种超然物外的态度，不仅让范蠡保全了自身，也为他赢得了后世无尽的赞誉。范蠡的智慧不仅体现在他对政治和军事敏锐的洞察力上，更体现在他对人生的深刻理解和把握上。他知道何时该进、何时该退，更懂得在名利面前保持清醒和自制，这正是我们应该学习的。

原文

大智知止，小智惟谋。智有穷而道无尽哉。

译文

有大智慧之人懂得适可而止，只有小聪明之人只会不断谋划。智谋有用完的时候，而天道却是永无止境的。

**点评**

人生如棋，命运就是棋盘，何时该进，何时该止，考验着人们的智慧，结局如何，往往难以预料。

那些急于求胜的新手，一味依赖计谋，却往往因贪多嚼不烂而陷入死局。

老子有言："知止不殆。"真正的智者懂得在适当的时候停下脚步，规划未来。

无数英雄豪杰以智谋著称，但最终人算不如天算，当智谋用尽时，他们往往会发现，自己已经陷入困境，难以自救。

# 唐宣宗李忱：装傻成器

## 如何在逆境中实现逆袭？

李忱，出身卑微，其母郑氏曾是节度使李锜的小妾，后因李锜叛乱，郑氏被纳入宫廷为侍女。唐宪宗李纯看上了貌美如花的郑氏。郑氏得幸后生下李忱。李忱自小在复杂的宫廷环境中成长，深知自己出身低微，若想生存并有所作为，必须隐忍。

## 韬光养晦，静待时机。

在激烈的宫廷斗争中，李忱出人意料地选择装傻。他沉默寡言、目光呆滞，以至于宫中上下皆认为他痴呆不足惧。在唐宪宗之后，历经穆宗、敬宗、文宗、武宗四朝，李忱始终保持着低调的姿态，即便在宴会上被戏弄，他也能够自如应对，不露破绽。

会昌六年（846），唐武宗病危，朝中的权臣和宦官认为李忱容易控制，便拥立他为皇太叔。后来唐武宗暴毙，李忱继承帝位。即位后的李忱，一改往日的痴呆形象，展现出非凡的政治才能和治国智慧，他迅速稳定朝局，开启了“大中之治”。

## 厚积薄发，开创盛世。

李忱自小就懂得在纷乱的局势中通过装傻来降低存在感，同时暗中观察学习，积累经验与智慧。待时机成熟时，他又能做到当仁不让，以雷霆之势改变局势，实现逆袭。

李忱以装傻为掩护，在逆境中默默成长，最终逆袭成为皇帝，开创了“大中之治”的盛世局面。他的故事告诉我们：真正的智慧在于懂进退。他的经历不仅是个人智慧与勇气的表现，更是对后世之人在复杂环境中生存与发展的深刻启示。

原文

谋人者成于智，亦丧于智也。

译文

善于算计他人者，能因智慧而成功，也能因智慧而失败。

## 点评

智慧是双刃剑，既能助人成就大业，亦能使人陷入深渊。

谋人者，利用智慧布局谋划，往往能在复杂的局势中脱颖而出，实现自己的目标。然而，当智谋滥用在算计与阴谋上时，它便化身为毁灭自己的利刃。

真正的智者，不仅懂得如何运用智慧去谋划，更懂得在何时何地收敛锋芒，以免反噬其身。

智谋须与德行并重，方能长久。

# 李林甫的兴衰荣辱

## 智谋何以成为权力的双刃剑？

李林甫，在唐玄宗时期担任宰相长达十九年，他表面和善，实则狡诈阴毒，因此世人都说他“口有蜜，腹有剑”。李林甫因未参与立李亨为太子之事，担忧未来有祸患，便制造冤案，打击李亨的妻兄韦坚，牵连众多官员被贬或被杀。他对杨慎矜起了猜忌之心，便构陷其图谋恢复隋朝，导致杨慎矜被族灭。他还为巩固相权重用番将，为安史之乱埋下隐患。

起初，李林甫对杨国忠礼遇有加，但随着杨国忠地位的提升，两人的矛盾日益加深。天宝十一载（752）十月，剑南告急。当时，杨国忠兼任剑南节度使，李林甫奏请玄宗让杨国忠前往剑南赴任。杨国忠向玄宗哭诉说，离朝后必遭李林甫陷害，玄宗遂承诺很快会召杨国忠回朝当宰相。得知此事后，李林甫愤愤发病，不久便病逝了。杨国忠如愿当上宰相，第二年便与安禄山合谋诬告李林甫意图造反。唐玄宗大怒，将李林甫的棺木劈开，重新以庶人身份下葬，李林甫的亲人及党羽有几十人被连累。

## 智德并重，以道驭术。

李林甫的故事告诫我们：智谋虽强，但若缺乏德行的引导与约束，终将走向毁灭。智慧应以正道为指引、以术数为辅助，方能成就一番事业而不致自毁。

## 祸及子孙，遗臭万年。

李林甫凭借计谋及阴毒的手段在政治舞台上一时风光无限，但最终子孙不保，遗臭万年。苏轼在《荔枝叹》中这样写道：“至今欲食林甫肉，无人举觞酹伯游。”

原文

谋身者恃其智，亦舍其智也。

译文

为自己谋划的人，需要依靠智谋，但在适当的时候也要舍弃智谋。

## 点评

身处尘世，每个人都需要为生存和发展谋篇布局。

智谋，作为我们宝贵的财富，常常被视为突破困境、达成目标的利器。然而，在谋身的过程中，并非时刻都需要机关算尽，而要能够审时度势，懂得有所取舍。

常言道："月满则亏，水满则溢。"智谋亦然。

过度依赖智谋，往往忽略客观存在的危机与挑战。若是再严重一点，智谋被私欲驱使，最终只会成为毁灭自我的加速器。

对智谋的正确态度，应是既要勇于展现才智，又要懂得适时收敛，以更加平和的心态去直面困难和挑战。

# 霍光：是权臣，也是忠臣

## 忠臣何以被灭族？

霍光是霍去病同父异母的弟弟，西汉时期的权臣。汉武帝晚年，霍光受托辅佐幼帝刘弗陵（汉昭帝），成功稳定了朝政，抵御了外患，使西汉得以延续。

霍光通过一系列政治手腕，削弱了朝中异己的力量，巩固了自己的权势。然而，随着权势的日益增长，霍光逐渐膨胀，他甚至干预起皇位的继承，废立皇帝。汉昭帝驾崩，无子嗣。霍光迎立昌邑王刘贺为帝。不久，因为刘贺“胡作非为”，霍光联合群臣，废刘贺，改立武帝的曾孙刘病已为帝，即汉宣帝。

## 智谋为公，适可而止。

宣帝即位后，霍光继续辅政。霍氏家族成员纷纷担任要职。宣帝对霍光表面恭敬，内心却忌惮不已，双方关系逐渐变得微妙起来。霍光的妻子霍显因女儿未能成为皇后而心生怨恨，竟买通御医毒杀许皇后，此事为霍家日后的覆灭埋下了伏笔。等霍光病逝后，宣帝开始逐步削弱霍家的势力，最终引发霍家的谋反。谋反失败后，霍家遭满门抄斩，长安城中有数千之家被牵连族灭。

## 权倾一时，家族覆灭。

霍光以智谋稳固了西汉的政局，为国家的稳定做出了贡献。但同时，他也因权力的滥用而引发了广泛的争议和不满，最终导致家族的覆灭。由此可见，智谋虽能助人成功，但若不能妥善运用或适时放弃，终将反噬其身。

原文

智有所缺，深存其敌，慎之少祸焉。

译文

智谋有它欠缺的地方，也难免会遇上敌手，谨慎地运用智谋才能减少祸端。

**点评**

人们追求运筹帷幄的本事，然世事复杂多变，智者也难以完全洞悉。

在谋划时，往往不经意间便会为敌所乘，此乃智谋的欠缺之处。

因此，行事须谨慎，步步为营方能在危机四伏中保全自身，减少祸患。

在人生的棋局中，每个人都是自己的棋手，而对手则遍布四周——在或明或暗处。

智者之所以能够胜人一筹，不仅是因为其有高超的智慧，更是因为其能洞察先机，预见敌手之谋，从而提前布局，化险为夷。

然而，智者亦非完人，其智慧亦有边界，须时刻保持清醒与警惕，以防不测。

# 曹操的谨慎与胜算

## 如何在乱世中立足?

曹操，作为三国时期的一代枭雄，其智勇双全、谋略过人，为后世所传颂。曹操之所以能够在群雄并起的乱世中脱颖而出，不仅仅是因为他拥有过人的智慧，更是因为他行事谨慎，不急躁冒进。

## 谨慎洞察，谋定而后动。

在官渡之战中，曹操面对实力远胜于己的袁绍大军，并未急于求胜，而是采取了稳扎稳打，逐步消耗敌军的策略。他深知自己兵力不足，若贸然进攻，必败无疑。因此，他一边加强防守，一边寻找袁绍的破绽。终于，在关键时刻，他得益于袁绍谋士许攸的投降，获悉袁绍的粮草所在，随后果断出兵，火烧乌巢，一举击溃了袁绍大军。

曹操的谨慎，在官渡之战中体现得淋漓尽致。他并未因一时的劣势而退却，而是时刻保持警醒，不断寻找对方的缺点和破绽，一旦找到，便果断出击。这种谨慎与果敢，使得他能够在复杂多变的局势中立于不败之地。

## 战胜对手，成就非凡。

官渡之战的胜利，增强了曹操的实力，为曹操统一北方奠定了坚实的基础。曹操的故事告诉我们：智谋与谨慎是相辅相成的。面对困境，我们需要像曹操一样，谋定而后动。在做出任何决定之前，我们都要深思熟虑，充分考虑各种可能性，不要盲目行动。

原文

智不及而谋大者毁，智无歇而谋远者逆。

译文

智慧不足却企图谋划大事的人最终会失败，玩弄智计不知适可而止却想谋求长远利益的人难以如愿。

## 点评

《大学》有言："知止而后有定。"意思是说，知道应该达到的境界才能够使自己志向坚定。

智慧与能力的边界，决定了我们行动的范围与深度。

一个人若自视过高，仅凭一腔热血与不切实际的幻想去规划宏大的蓝图，最终只会因为能力不足而陷入困境，甚至招致毁灭。

同样，即便拥有非凡的智慧，若不顾现实条件，盲目追求过于遥远的目标，也会因为违背自然规律和社会法则而遭遇逆境。

真正的智者懂得审时度势，既不高估自己，也不低估环境。

他们明白，每一步的成功都需要建立在坚实的基础上，每一次的跨越都需要量力而行。

在智慧与能力的双轮驱动下，他们稳步前行，既不失雄心壮志，也不忘脚踏实地。

# 隋炀帝的运河梦

## 宏伟工程为何导致国家灭亡?

隋炀帝杨广主持修建了举世闻名的京杭大运河，这一工程在当时无疑是巨大的成就，促进了南北经济、文化的交流。然而，隋炀帝在追求这一伟大事业的同时，却忽略了国力与民力的极限。

隋炀帝为了修建大运河，动用了大量的人力、物力。他急于求成，不顾民生疾苦，过度征发徭役，导致百姓负担沉重，民不聊生，社会矛盾日益激化。同时，他在对外征战上也耗费了大量国力，加剧了国家的财政危机。这一系列决策，都显示了他智谋上的不足和对现实条件的忽视。

## 量力而行，兼顾民生。

隋炀帝的故事警示我们：在追求伟大事业的同时，必须量力而行，兼顾民生。任何宏大的计划都应以国家的实际情况和人民的利益为出发点。领导者应当具备深邃的智慧和长远的眼光，既要看到眼前的利益，更要考虑到未来的发展和后果。

## 王朝覆灭，历史教训。

隋朝因为隋炀帝的失策而迅速灭亡，这一历史教训深刻而沉重。它告诉我们：智慧与勇气、雄心与务实必须相互平衡。在追求梦想和目标的道路上，我们不能被一时的狂热和激情所蒙蔽，而应当时刻保持清醒的头脑和审慎的态度。只有这样，我们才能在复杂多变的环境中稳步前行，最终实现自己的理想和抱负。

原文

智者言智，愚者言愚，以愚饰智，以智止智，智也。

译文

对智慧之人谈论智慧，对愚笨之人谈论愚笨，能以愚笨的言行掩饰自己的智慧，并能在关键时刻用智慧来停止智谋，这便是真正的智慧。

**点评**

智慧与愚笨并非对立的，而是可以相互转化、相辅相成的。

智者懂得在需要时收敛锋芒，避免不必要的冲突，同时又能在关键时刻运用智慧解决问题，展现其不凡之处。

同时，当智慧被滥用或被误解时，真正的智者会用更高的智慧去“止智”。

止，不是简单地停止，而是以退为进，以防自己急功近利，从而回归理性。

“知止”这种处世哲学，体现了智者对人性、社会及自然的深刻理解与强大的掌控能力。

# 曾国藩急流勇退

## 愚笨者何以脱颖而出，成为中兴名臣？

曾国藩，晚清中兴名臣，以其深厚的学识、卓越的军事才能和独到的政治智慧著称。在晚清内外交困、动荡不安的时期，曾国藩初入官场便以“笨拙”自居，不轻易表露自己的意图和见解，从而避免了与朝中权贵的直接冲突。

然而，当太平天国运动席卷江南，清政府面临前所未有的危机时，曾国藩以在籍侍郎身份在湖南办团练，旋扩编为湘军，对抗太平天国。在这一过程中，他展现了出色的战略眼光和战术才能，以智慧和谋略平息了内部的纷争与矛盾，使得湘军能够团结一心，共同抗敌。

## 厚积薄发，功成身退。

此时，曾国藩手中的湘军实力强大，世人皆以为他会揽权，甚至私下议论他是否会拥兵自重。然而，曾国藩却做出了令人意想不到的决定：着手裁撤湘军，以消除朝廷的猜忌。

曾国藩常以愚态示人，从不轻易发表意见，从而避免了很多不必要的麻烦。他这么做，是在积蓄实力，以便在关键时刻能够挺身而出，担当重任。而在完成重任后，他又能及时功成身退。

## 中兴名臣，智慧典范。

曾国藩以其卓越的才能、深厚的学识和独到的政治智慧，在晚清历史上留下了浓墨重彩的一笔。曾国藩的功成身退不仅让他得以安享晚年，留下英名，也让他的家族得以兴旺发达。他有智慧且“知止”，是后人学习的典范。

原文

势无常也，仁者勿恃。

译文

权势是变化无常的，仁德的人不应过分依赖它。

**点评**

世间万物，包括权势、地位，皆如流水般无常。

仁者深知这一点，他们不会将命运寄托在变幻莫测的权势之上。

相反，他们更注重内心的修养与品德，以不变应万变，用仁爱与智慧去影响世界。

仁者明白，力量源自内心的坚定与高尚，而非外在的权势与地位。

因此，他们能在权势的起伏中保持淡然，以平和的心态面对一切变化。

# 孔子的舍弃与坚持

## 权势能否成为仁者的依靠？

孔子，被誉为“圣人”“至圣先师”，他一生致力于推行仁政，教化民众。孔子自二十多岁起，就想走仕途，所以对天下大事非常关注，经常思考治理国家的诸多问题，也常发表一些见解。但在那个诸侯纷争、权势至上的时代，孔子的理念并未得到广泛的认可与采纳。直到五十二岁时，孔子终于当上了鲁国的大司寇。大司寇掌管一国的司法、刑狱事务。然而孔子刚上任，齐国就送了八十名女乐到鲁国。鲁国的执政官季桓子接受了女乐，君臣迷恋歌舞，多日不理朝政。孔子非常失望，因此与季氏出现不和。此后季氏对孔子多有刁难，孔子不得已离开鲁国，开始了长达十四年的周游列国的旅程。

## 不恃权势，传播仁爱。

孔子对权力的实质有了深刻的理解，不再将希望寄托于任何一个诸侯国的支持上。相反，他通过讲学和教导弟子，传播仁爱的理念，期望以此来改变整个社会。

## 思想传世，影响深远。

孔子以行动向我们展示，尽管权势可能带来短暂的荣耀和地位，但它绝非永恒之物。面对权势的诱惑，我们应当坚守信念，注重内在的修养和道德的提升，以更宽广的胸怀拥抱这个世界。孔子的坚持与努力未能使他直接掌握权势，但他的思想宛若涓涓细流，滋润了一代又一代人的心灵。

原文

势伏凶也，智者不矜。

译文

权势背后潜伏着凶险，有智慧的人不会因为有权有势而自夸自大。

## 点评

权势背后，往往隐藏着难以预料的危机与凶险。

有智慧的人，不会因为拥有权势而沾沾自喜，反而会更加谨慎。

身居高位者，每一个举动都宛如在悬崖边起舞，稍有不慎便可能坠入万劫不复的深渊。

权势运用得当，可以斩断荆棘，开辟通往成功的道路，但也可能在不经意间伤害自身，甚至殃及无辜。

智者往往选择低调行事，避免成为众矢之的。

同时，智者也深谙人性，明白权势之下常伴随着嫉妒、贪婪与背叛，因此他们会在心中保持一份警惕，时刻准备应对可能出现的挑战。

# 郭子仪：功盖一代而主不疑

## 忠臣遭受猜忌时如何自保？

唐朝名将郭子仪，历经七朝，功勋卓著。唐朝中期，安史之乱致使朝局动荡，郭子仪凭借卓越的军事才能和过人的智慧，多次平定叛乱，维护了国家的稳定。然而，他从未因此而自高自大。他对待同僚和下属总是谦逊有礼，即便在功勋最盛之时，也始终保持低调，不参与宫廷内的权力斗争。有一次，唐代宗因听信谗言而对郭子仪产生猜疑，甚至下令夺去了他的兵权。面对这一突如其来的打击，郭子仪没有怨天尤人，更没有起兵反抗，而是坦然接受，并主动上交兵符，以示自己的忠诚。他的这一举动不仅消除了唐代宗的疑虑，也赢得了朝野上下的尊敬与赞誉。

## 谦逊待人，忠诚履职。

郭子仪身居高位，依旧保持谦逊的态度；受到猜疑，依然忠诚履职，不为一时的得失所动。他深知权势虽诱人，但须谨慎用之；猜疑虽可畏，但须以诚相待。正是这种高贵的品质，使他在动荡不安的唐朝中期得以保全自身，并留下了不朽的功勋与美名。

## 功勋卓著，名垂青史。

郭子仪为唐朝的安定与复兴做出了重要贡献，却从不自夸自耀，一生光明磊落、正直谦和。他深谙为官之道：对君王毕恭毕敬，有召必至，从不怠慢；对同僚以礼相待，极尽宽和。因此史学家评价他："权倾天下而朝不忌，功盖一代而主不疑。"

原文

势莫加君子，德休与小人。

译文

权势不应强加于君子，他们不会屈服；仁德不应给予小人，他们不会被感化。

### 点评

君子如松，坚韧而不屈，他们的内心有坚定的信念和原则，不会因外界权势的压迫而改变自己的立场和操守。

小人如草，随风而倒，他们往往会被利益驱使，对于真正的德行难以产生敬畏和认同之心。

因此，在人际交往中，我们应当明智地区分君子与小人。

对待君子，应以理服人，以情动人，而非强加权势；对于小人，应当保持警惕，不能以仁德待之，避免让仁德成为他们作恶的工具。

# 文天祥忠贞不屈

## 在权势与大义之间，君子如何抉择？

文天祥，南宋末年著名的政治家、文学家，以忠贞不渝、英勇无畏著称。在国家危难之际，他挺身而出，力主抗元，即便被俘也坚决不降，展现了君子之风。文天祥面对元朝的高官厚禄和权势压迫，始终坚守自己的忠诚之心与信仰，没有屈服于权势，最终慷慨赴义！

## 坚守大义，不为权势所动。

文天祥在面对权势的诱惑与压迫时，坚守爱国忠君的信念，不为权势所动。对文天祥这样的君子来说，权势只是暂时的，而大义与信仰才是永恒的。

## 忠魂永存，名垂青史。

文天祥的忠贞不屈，赢得了后世的敬仰与传颂。他的故事告诉我们：真正的君子应当具备高尚的品德与坚定的信仰，在权势与大义之间做出正确的抉择。

让我们永远铭记文天祥！

原文

君子势不于力也，力尽而势亡焉。

译文

君子的势力不表现在权力上，否则权力用尽，势力也将随之消亡。

**点评**

孔子曰：“君子务本，本立而道生。”此处的“本”，不仅指事物的根本，更指人内心的修养与高尚的品德。

真正的君子，其影响力与势力并非仅仅建立在权力的基础之上，而是源自其深厚的道德修养、卓越的智慧以及赢得人心的能力。

当权力成为唯一的支撑时，一旦权力耗尽，势力也将如失去根基的大楼，最终会轰然倒塌。

因此，君子应当注重内在修养，以德才兼备来稳固自己的势力，从而在面对各种挑战与变故时屹立不倒。

# 刘秀的中兴之路

## 天下大乱，何以恢复汉室江山？

刘秀，汉高祖刘邦九世孙，东汉开国皇帝。王莽篡汉，天下大乱，刘秀在征战的过程中，对百姓宽厚仁慈，深得民心。他善于结交英雄豪杰，以诚待人，赢得了众多忠诚的将领与谋士的支持。同时，刘秀还具备卓越的战略眼光与决策能力，在关键时刻能够果断出手，扭转局势。这些品质与能力共同构成了刘秀独特的“势力”，使他在乱世中能够脱颖而出。

## 德才兼备，以仁德治世。

昆阳之战后，刘秀眼见百姓流离失所，不禁心生怜悯，决定暂停征战，安抚百姓，恢复生产。他亲自下地耕作，同时颁布一系列利民政策，减轻百姓的负担。刘秀的仁德之举迅速赢得百姓的拥戴，他们纷纷归附刘秀。此外，在攻克河北、平定王郎之乱的过程中，刘秀也始终秉持着仁德之心，对投降的敌军给予优待。这些行为进一步提升了刘秀的威望，使更多的人愿意归顺于他。

刘秀的成功，在于他并不单纯地依赖权力来征服世界，而是注重内在的修养与道德品质的提升。他通过自己的言行举止来感染他人，以仁德仁政来赢得人心与支持。

## 中兴汉室，名垂青史。

刘秀中兴汉室，不仅成就了自己的伟业，更为后世留下了宝贵的精神财富与深刻的历史启示。他的功绩被历史铭记，成为后世无数帝王将相学习的楷模。

原文

小人势不惠人也，趋之必祸焉。

译文

小人的权势并不会真正惠及他人，趋附它最终只会招致灾祸。

**点评**

小人狡诈且谄媚，一旦得志，便以私利为先，不顾大局，更不会真心实意地惠及他人。

小人通常以利益为诱饵，巧言令色，表面殷勤，实则心机深沉，意在吸引那些渴望走捷径、急功近利之人供他驱使。

若与小人过从甚密，不仅无法获得真诚的帮助与支持，反而可能陷入其精心设计的陷阱，深受其害，甚至可能受其牵连而陷入绝境。

因此，我们应当保持清醒的头脑，认清小人的真面目，避免盲目追随，以免招致祸患。

# 福长安的沉沦

## 如何避免沦为小人的棋子？

清朝乾隆年间，福康安与福长安虽为亲兄弟，但两人的命运轨迹却截然不同。福康安凭借卓越的才能与战功，二十四岁便被封为吉林将军。相比之下，福长安虽心怀抱负，却因能力有限，长期在皇家仪仗队中默默无闻。面对哥哥的光鲜亮丽，福长安心中充满了不甘与嫉妒。他急于证明自己，但单凭个人的能力，难以平步青云。此时，和珅凭借皇帝的宠信，在朝中呼风唤雨。和珅深知福长安的处境与心理，便一步步拉拢他加入自己的阵营，以便掣肘福康安。和珅不仅帮福长安升官，还经常分享贪污所得，以此巩固两人的关系。福长安虽知和珅与哥哥福康安不和，但在名利的诱惑下，他逐渐迷失了自我，与和珅狼狈为奸。然而，好景不长，随着嘉庆帝的继位，和珅失势。嘉庆四年（1799），和珅被清算，作为和珅党羽的福长安也未能幸免。

## 保持独立与警惕。

在复杂的政治环境中，保持独立的人格和清醒的头脑至关重要。面对拉拢与诱惑，要时刻保持警惕，不为权力和利益所动。同时，应加强自我修养，提升自身能力，以实力赢得尊重与地位，而非依附于他人。

## 追随小人，终致一败涂地。

福长安因盲目追随和珅而付出了惨重的代价，不仅前程尽毁，还名誉扫地。他的故事提醒我们：在追求个人目标的过程中，必须保持清醒与独立，警惕小人的腐蚀，以免泥足深陷。

原文

众成其势，一人堪毁。

译文

众人齐心协力，方能成就大势；然而，一旦其中一个人出现严重的失误或背叛，这股势力便可能被瞬间瓦解。

## 点评

《吕氏春秋》中有言：“万人操弓，共射一招，招无不中。”

团队的力量是巨大的，它能汇聚起每个人的智慧和努力，创造出超越个体的辉煌成就。

然而，正如坚固的城堡可能因一个小小的裂缝而崩塌一样，团队的成功也可能因为某个成员的失误或背叛而毁于一旦。

我们在构建团队、追求共同目标的过程中，不仅要注重集体的凝聚力和向心力，更要重视每个成员的作用与责任。

领导者需要具备敏锐的洞察力和果断的决策力，及时发现并处理可能危及团队的潜在问题。

同时，每个成员也应时刻保持高度的责任感和使命感，确保自己的行为与团队的利益保持一致。

# 袁世凯背叛共和

## 袁世凯何以改变辛亥革命的结局?

辛亥革命高举反帝反封建的旗帜，得到了广大民众和革命党人的积极响应与支持。在这场革命的关键时刻，袁世凯作为清朝新军的重要将领，其态度和行为成为决定革命成败的关键因素。

袁世凯起初在革命与清廷之间摇摆不定，他既未全力支持革命，也未彻底倒向清廷。然而，随着革命的深入和清廷的崩溃，袁世凯逐渐看到自己掌握政权的可能性。他通过政治手腕逼迫清帝退位，从而实现了自己成为中华民国临时大总统的野心。

然而，袁世凯并未因此感到满足。他背叛共和，试图恢复帝制，这一行为引起全国上下的强烈反对。在各方势力的联合抵制和反对下，袁世凯的复辟计划最终破产，他本人也在忧愤中病逝。

## 顺应潮流，尊重民意。

任何个人或势力都无法违背历史发展的规律。袁世凯本有机会成为推动社会进步的重要力量，但他选择了错误的道路。他试图恢复帝制的做法违背了时代的潮流和人民的意愿，因此注定失败。

## 一人之失，大局动荡。

袁世凯个人的野心不仅导致其政治生涯的终结，也给国家和社会带来了深重的灾难。这一历史教训提醒我们：在任何时候都要保持清醒的头脑和正确的价值观，以国家和人民的利益为重。

原文

强者凌弱，人怨乃弃。

译文

势力强大之人欺凌弱小之人，终将招致众人的怨恨，被众人抛弃。

## 点评

强者与弱者如同天平的两端，一旦失衡，便会引发不公与怨恨。

拥有强大的力量不是为了以强凌弱，而是为了保护弱小，维护社会稳定。

强者若一味地恃强凌弱，便会失去人心，变得孤立无援。

孟子曰："得道者多助，失道者寡助。"正是此理。

正如一座高楼需要坚实的地基才能屹立不倒，强者也需要弱者的支持才能稳固其地位。

只有懂得尊重和关爱弱者，才能赢得他们的信任和尊敬。

这样的社会，才能充满活力和希望，才能在不断变化的环境中持续发展和繁荣。

# 项羽的暴行与速亡

## 灭秦英雄何以尽失民心？

项羽，楚国贵族出身，自幼便受家族荣耀与仇恨的影响。其祖父项燕是楚国大将军，为抗秦而死。这份仇恨如同火种，在项羽心中燃烧，激他奋进，也扭曲了他的价值观。

项羽自视甚高，他大败秦军后，坑杀二十万秦卒，屠咸阳，屠齐地，每一次暴行都如同利刃，割断了他与民众之间的丝丝联系。这些行为不仅未能巩固他的统治，反而激起了广泛的民愤，使他在争夺天下的道路上越走越孤单。

## 仁政爱民，以德服人。

若项羽能放下仇恨，善待无辜的士卒、百姓，他或许能够赢得更多人的支持与拥护。在战乱纷飞的年代，民众渴望的是和平与安宁，而非无尽的杀戮与掠夺。项羽若能洞察此道，以德服人，而非恃强凌弱，他的霸业或许能更加稳固、更加长久。

## 垓下悲歌，英雄末路。

项羽的暴行最终导致了他的败亡。垓下之战，他失去了所有。带着对自己行为的悔恨与无奈，他在乌江边自刎而死，一代英雄就此落幕。

原文

势极无让者疑，位尊弗恭者忌。

译文

权势达到顶峰而不知退让，必然会引起他人的猜疑；地位尊贵却不谦恭的人，则会使人嫉恨。

**点评**

权势既能助人攀登高峰，亦能使人跌入深渊。

无论是权贵还是平民，在人格上都是平等的。

那些能够在权势与地位的考验中保持本心、不忘初衷的人，无论身处何种境遇，都能保持内心的平静与坚定。

他们不会因为一时的得失而迷失方向，更不会因为外界的诱惑而放弃自己的原则。

然而，现实生活中能够做到这一点的人并不多见。

许多人一旦掌握了权力，便容易迷失自我，沉溺于权势带来的快感与虚荣之中，不惜牺牲他人的利益来满足自己的欲望。

最终，他们不仅失去了他人的信任与尊重，还可能因此走向毁灭。

# 桑哥的崛起与陨落

## 权势顶峰如何自处？

桑哥，以见识广博被元世祖忽必烈召进宫中听用，并凭借理财才能深受元世祖宠信，成为右丞相。掌管国政期间，他推行了一系列改革措施，增加了国家的财政收入，但因为严苛追征、贪腐横行激起民愤。桑哥还因为增加赋税、限制禁卫军占地、裁抑贵族开支，触动了多方的利益。此外，他还沉迷于权力斗争，打压异己势力，对朝中大臣的意见也往往置之不理。这种傲慢的态度逐渐引发了朝野的不满，也为他的失势埋下了伏笔。

最终，侍御史程钜夫等多次上疏揭露桑哥贪腐及滥用职权的罪状。桑哥对此震怒，极力打压举报者。元世祖介入调查，发现桑哥确曾沮抑御史台，并实行严苛政策，加重百姓负担。最致命的是，桑哥结党营私、贪赃受贿，其亲友及党羽大多借其势得官、受贿。元世祖大怒，桑哥终因贪腐被证实而遭拘捕，不久后抄家伏诛。

## 谦让恭谨，广开言路。

桑哥的故事警示我们：权势与地位虽能带来一时的荣耀，但若不懂得退让与谦恭，终将难逃覆灭的命运。智者应当尊重他人的意见，广开言路，以平和的心态应对各种挑战。

## 抄家问斩，遗训千古。

桑哥贪腐罪行确凿，最终被抄家问斩，其党羽亦受惩处。桑哥的毁灭不仅是他个人的悲剧，对后世政治家而言也是深刻的教训。

## 原文

势或失之，名或谤之，少怨者再得也。

## 译文

权势可能会失去，名声可能会遭污蔑，少发怨言的人，往往能失而复得。

## 点评

失去权势，或者名利受损，有的人会沉溺于悲伤与怨恨之中，有的人却能以更加成熟的心态去面对。

少发怨言，并非无情感、无愤怒，而是懂得自我反省，保持冷静与内心的坚韧。

这样的人，不会计较一时的得失，而是着眼于长远的目标。

他们知道，每一次挫折都是成长的机会，每一次失败都是通往成功的必经之路。

身处逆境，更要懂得自我激励，不断地给自己设定新的目标。

每一个目标的实现，都是不断变强的标志。

最终，他们会以更加坚定的信念和更加成熟的心态，重新站在人生的舞台上，闪闪发亮。

# 王阳明的心学修行

## 如何从人生低谷中重新站起来？

王阳明，明代理学家、教育家，他的一生充满了坎坷与波折。王阳明二十八岁中进士，入朝为官后频繁上疏，展现出了远见卓识，不久便被任命为刑部主事。明武宗正德元年（1506）冬，宦官刘瑾擅权，逮捕了南京户科给事中戴铣等二十余人。王阳明不畏强权，上疏论救，因此触怒了刘瑾，遭受杖责四十的惩罚，并被谪贬至贵州龙场，担任驿丞这一低微的职务。

贵州龙场环境恶劣，在当时还是一片未开化的地区。王阳明身处荒蛮之地，语言不通，生活极度困苦。然而，正是这段艰难的经历，让王阳明有了深入内心修行的机会。

## 心学修行，坚韧不拔。

身处低谷，王阳明没有沉沦，也没有怨恨，而是开始深入研究心学，他通过内心的修行，逐渐克服了外在的困境，实现了精神的升华。同时，他也始终保持着对时局的关注与敏锐的洞察力，为未来的再起打下了坚实的基础。

## 龙场悟道，再起风云。

在龙场的艰难岁月中，王阳明完成了心学的重要突破，领悟出“心即理”“致良知”“知行合一”等重要思想。他的学说迅速传播开来，影响深远。后来，随着刘瑾的倒台，王阳明得以重返政坛，并在平定宁王之乱等军事行动中展现出卓越的才能与智慧，赢得了朝廷的赏识与百姓的爱戴。

原文

势固灭之，人固死之，无骄者惠嗣焉。

译文

权势必然消亡，人终将死去，不骄纵的人才能惠及子孙。

**点评**

古往今来，多少英雄豪杰曾经权势滔天，最终都化作黄土一抔。

他们或许留下了一些关于权力、名利与人性斗争的故事，警示着后人；又或许，他们深知权势的虚幻与短暂，即便站在权势的巅峰，他们也能保持清醒，以谦逊的态度面对世间万物。

他们的修养和智慧，在惠及子孙的同时，跨越时空的界限，成为后世传颂的典范。

# 司马懿的沉稳与远见

## 如何确保家族的长远发展?

司马懿深具谋略，他深知曹操多疑且非平庸之辈，因此选择隐忍不发，蛰伏多年。尽管最终不得不接受曹操的征召，他依旧保持着伪装，行事谨慎。在魏明帝曹叡统治时期，司马懿成功地抵御了诸葛亮的北伐。面对胜利，他并未沾沾自喜，反而更加小心谨慎，时刻警惕着来自朝廷内外的潜在威胁。魏明帝曹叡去世后，年仅八岁的曹芳继位，由大将军曹爽和太尉司马懿共同辅政。曹爽行为放纵，他排挤司马懿，独揽大权，并很快晋升司马懿为太傅，剥夺了司马懿的实权。面对这一困境，司马懿选择了隐忍，以病重为由辞官，以此迷惑曹爽。随后，他暗中紧密筹划，静待时机反击。在高平陵之变中，司马懿抓住机会，一举铲除了曹爽的势力，重新掌握了曹魏的大权。

## 谦逊谨慎，蓄势待发。

司马懿成功的秘诀在于他能够时刻保持谦逊谨慎的态度，不为一时的得失所动。他善于观察时局，洞察人心，从而制定出最符合实际的策略。

## 家族兴旺，笑到最后。

司马懿沉稳且不骄纵，有远见且知进退，他不慌不忙，在曹魏三代君主更迭的过程中，为他的子孙后代铺就了一条光明之路。他的儿子司马师、司马昭相继掌权，为西晋的建立奠定了坚实的基础。而西晋的开国皇帝司马炎，正是司马懿的孙子。三国多英豪，谁承想，司马懿才是笑到最后的人。

原文

惑人者无逾利也。

译文

迷惑人心的莫过于利益了。

**点评**

“天下熙熙，皆为利来；天下攘攘，皆为利往。”

利益如同双面镜，既能映照出人性的光辉，也能暴露出人的阴暗面。

古往今来，多少英雄豪杰在利益的诱惑下失去了自我，走向了毁灭。

在利益面前，人性的弱点被无限放大，贪婪、欲望、背叛……种种考验接踵而至。

真正的智者，能够坚守信念和底线，不为利益所诱惑；他们明白，唯有挣脱利益的束缚，方能获得真正的自由与宁静。

# 吴三桂的欲望与毁灭

## “利”字当头，如何使人走向毁灭？

吴三桂年少成名，凭借自身的勇武在乱世中成为大明的重要武将。然而，随着明朝的衰落，吴三桂面临着人生的重要抉择。在明朝覆灭之际，吴三桂在大顺与清朝之间摇摆不定。他的每一次选择，都是建立在对个人利益的考量上的。起初，他接受了李自成的招纳，但在得知爱妾陈圆圆被霸占后，愤怒之下转而投向清朝。这一转变，表面上看是冲冠一怒为红颜，实则深藏着他对自身利益的追求。他在为清朝开疆拓土的过程中，虽屡建奇功，却也因两度背主而深受猜忌。顺治年间，他被封为平西王，到达了权力的巅峰，但内心深处的不安与对更大权力的渴望却如影随形。康熙年间，撤藩令下达，吴三桂为了守住既得利益，毅然起兵反清。尽管初期势如破竹，但终因年老体衰、战略失误而功败垂成。

## 节制欲望，坚守原则。

吴三桂的一生，因欲望而起，也因欲望而灭。他若能在关键时刻坚守忠诚之心，或许能避免成为一个被欲望吞噬的悲剧人物。

## 家族覆灭，遗臭万年。

吴三桂勇猛无比，是难得的大将之才，但由于过于追求个人利益而落得个身败名裂、家族覆灭的下场。吴三桂这个曾经显赫一时的风云人物，被永远钉在了历史的耻辱柱上。吴三桂的故事警示我们：面对利益诱惑，必须坚定信念和原则，不应为一时之利而迷失自我。

原文

利无求弗获，德无施不积。

译文

利益不去追求不会获得，德行不通过实践就难以积累。

## 点评

利益的获取往往需要付出努力与智慧，不劳而获的想法不切实际。

正如农夫需要耕耘方得收获，商贾需要经营方能盈利，利益的获得在很大程度上与付出成正比。

同样，德行的积累也非一朝一夕之功，它需要在日常生活中不断实践、不断修炼。

每一次的善行、每一次的宽容、每一次的正义之举，都是对德行的一次积累，它们如同涓涓细流，最终汇聚成海，助推人生之舟得以远航。

# 玄奘西行：一场艰苦的修行

## 一路西行，如何成就无上功德？

玄奘西行取经的路上，始终保持着对佛法的虔诚和对德行的坚守。途经高昌国时，国王麴文泰被他的佛法智慧与高尚德行深深折服，不仅为他提供了丰厚的物资支持，还与他结下了深厚的友谊。然而，玄奘并未因此得意忘形，他坚持继续西行，以完成自己的求法使命。在此过程中，玄奘多次以佛法教义开解民众，展现了其深厚的佛法修为和慈悲德行。很多民众被玄奘的德行折服，决定追随他一同去求取真经。在一次穿越荒漠时，玄奘和他的随从们遇到一群因干旱而陷入困境的难民。面对这些急需帮助的人，玄奘没有丝毫犹豫，立即将携带的粮食和水分给他们。

## 以智求法，以德服人。

对玄奘来说，他的成功并非获得世俗的名利，而是在旅途中不断实践并积累深厚的德行。在追求佛法的过程中，他慈悲为怀，广结善缘。他不仅在寺庙中传授佛法，更走出寺庙，深入民间，帮助人们摆脱苦难，获得内心的平静与解脱。

## 佛法大成，德行流芳。

玄奘最终成功取回了真经，并翻译了大量佛经，为中土佛教的发展做出了巨大的贡献。他的德行也广为流传，是后人学习的楷模。他的故事启示我们：在求学与立业的同时，要注重个人德行的修养。玄奘昌明佛学、德行流芳，将永远激励后人不断前行。

原文

众逐利而富寡，贤让功而名高。

众人皆追求利益，然而真正富贵者却寥寥无几；贤能之人懂得谦让功劳，反而能获得更高的声誉。

**点评**

人们往往被名利所驱使，竞相追逐，但真正能够积累财富者却寥寥无几。

这是因为真正的富贵并非单纯来自对利益的追逐，而是建立在更高层次的智慧与德行之上的。

贤能之人，懂得舍与得、进与止的哲理，愿意在适当的时候舍弃利益、谦让功劳。

这种淡泊名利与超脱物外之态，正是他们能够达到更高境界的关键所在。

# 孔子：述而不作

## 孔子何以成为至圣先师？

孔子生活在一个充满变革的时代，他致力于维护传统文化的繁荣和发展。他强调礼仪、音乐、文学等方面的传统价值，认为这些是维护社会和谐稳定的重要基石。同时，他关注历史研究和文献整理工作，为后世留下了丰富的学术遗产。孔子在学术上取得了极高的成就，但他极为自谦，始终坚持述而不作的原则，认为自己的工作主要是阐述古代先哲的思想，整理古代的文化典籍，以最大程度地保存、传承传统文化。

## 谦逊治学，传承文化。

孔子深知，真正的学问在于传承与发扬。他通过教授弟子、编纂“六经”等方式，将古代文化的精髓传播给后人，为中华文明的传承与发展做出了不可磨灭的贡献。在面对弟子们的赞誉与崇拜时，孔子总是保持着谦逊的态度，鼓励他们继续努力学习，追求更高的境界。

## 千古流芳，万世师表。

孔子以其卓越的学术成就和高尚的品德赢得了后世的敬仰。他的儒家思想与学说深受统治者推崇，成了中华民族传统文化的重要组成部分。随着时代的变迁，孔子的学说并未因岁月的流逝而黯淡，反而在新的社会背景下焕发出更加耀眼的光芒。

原文

利大伤身，利小惠人，择之宜慎也。

译文

利益大容易伤到自身，利益小能够带来实惠，在选择利益时应当谨慎。

## 点评

利益是一块考验智慧的试金石。

大利益虽诱人，但往往伴随着高风险，甚至要你付出沉重的代价；小利益虽不起眼，却是实实在在的。贪欲是人性中最难驾驭的猛兽，如何选择，考验的是智慧。

《老子》有言："知足常乐。"这便是教导我们，凡事要懂得适可而止，不为过多的利益所累。

无数英雄豪杰都因贪图巨利而身败名裂，而那些懂得适可而止的人，往往能稳步前行。

# 吕不韦：奇货可居

## 奇货可居，抑或贪心不足？

吕不韦原为商人，一次，他在赵国邯郸偶遇作为质子的秦国公子异人，便视其为“奇货”，决心投资。于是，吕不韦前往秦国，面见华阳夫人（秦孝文王嬴柱的王后），说服她收异人为子。华阳夫人向秦孝文王进言，并一路扶持异人继位为秦庄襄王。吕不韦因功被封为相国，实现了“奇货可居”的愿望。秦庄襄王死后，嬴政继位，尊吕不韦为“仲父”。此时嬴政年幼，吕不韦独断专权，待到嬴政亲政后，吕不韦仍贪恋权势，导致嬴政对其猜忌日深。更为严重的是，吕不韦试图通过扶持嫪毐等亲信来巩固权位，结果嫪毐却谋反了。嬴政下令免去吕不韦相国之职，并将其逐出咸阳。吕不韦回到封地洛阳后，与诸国使者往来不绝，进一步加剧了嬴政的担忧。最终，嬴政决定将吕不韦迁往蜀地，并亲笔写信表达决绝之意。吕不韦深知已被逼至绝境，选择饮鸩自尽。

## 把握分寸，见好就收。

吕不韦的故事告诉我们：在追求利益的过程中必须把握分寸，见好就收。无论是从商还是从政，都不能过度贪婪和冒险。当利益达到一定程度时，应该及时收手并转向新的目标或领域。

## 不知进退，政治悲剧。

纵观吕不韦的一生，从商人起家，先后辅佐两代秦王，组织编著《吕氏春秋》，对秦国的统一大业做出了重大的贡献。无论是商业上还是政治上，吕不韦都绝对是精英，但他不懂取舍进退，最终因此而丧命。

原文

天贵于时，人贵于明，动之有戒也。

译文

天道尊贵在于其不变的规律，人可贵在于其有自知之明，所以行动必须恪守戒律。

## 点评

宇宙万物，皆遵循天道之规律而运行，春生夏长，秋收冬藏，此乃天时之贵。

对于人而言，真正的价值不仅在于外在的成就与地位，更在于内心明澈，能够认清自我、明了是非。行动之时，更需严于律己，遵循正道，以免偏离方向，误入歧途。

因此，人若能效法天道，顺应时势，同时保持内心的清明与自律，便能在世间立足，成就一番事业。

# 大禹治水

## 大禹治水为何能够成功？

大禹，夏朝的开国君主，以治理洪水、安定天下的卓越功绩名留青史。上古时期，中原大地洪水泛滥，淹没了庄稼，淹没了山陵，淹没了人民的房屋。人民流离失所，水患给人民带来了无边的灾难。大禹临危受命，承担起治水的重任。

大禹接受治水任务后，深入实地考察，了解洪水的成因与流动规律。他根据地形地貌，制定了科学合理的治水方案，即采用疏导与堵截相结合的方法，引导洪水按照自然规律流入江河湖海。同时，大禹高度自律，他身先士卒，不辞辛劳，三过家门而不入，一心扑在治水事业上，历经十三年，耗尽心血与体力，终于完成了治水大业。

## 顺应自然，严格自律。

大禹治水的故事启示我们：在应对困难和挑战时，我们首先要顺应自然规律，找到问题的根源与解决方法。同时，我们要明确目标与方向，坚定信念且高度自律，不为外界干扰所动摇。只有这样，我们才能在复杂多变的环境中稳步前行，最终达成目标。

## 利在千秋，民族象征。

大禹治水，利在千秋。在治水的过程中，大禹遵循顺应自然、因势利导、科学治水、艰苦奋斗、以人为本的理念，克服重重困难，终于取得了成功，由此形成以顺应自然、公而忘私、民族至上、民为邦本等为内涵的大禹治水精神。大禹治水精神是中华民族精神的源头和象征。

原文

众见其利者，非利也。

译文

众人都能轻易看到的利益，就不再是利益了。

## 点评

老子曰：“天下皆知美之为美，斯恶已。”老子认为，如果天下人都知道美好的事物是美好的，那么丑陋就显现出来了。

同样，在人们竞相追逐的利益面前，竞争之激烈可想而知。而此等激烈的竞争，不仅增加了成功的难度，更可能使人们在竞争过程中伤痕累累，那么利益也将不复存在。

甚至有些显而易见的利益，是对手精心设计的陷阱，一旦追逐，便会使自身受损。

因此，有智慧的人不盲目从众，懂得避开众人视线所及之处，以独特的视角审视世界，寻找那些被忽视的机会。

# 蜀侯贪金失国

## 蜀国坐拥天险，为何却被秦国所灭？

春秋战国时期，蜀国因其富庶而成为其他诸侯觊觎的对象。秦惠王为了吞并蜀国，设计了一个巧妙的计谋。他命人雕刻了一头大石牛，并在石牛屁股里放置大量黄金，然后散布消息说这是一头会拉金子的神牛。蜀侯听到这个消息后，贪念大起，不顾众臣反对，决定派人修路以迎接这头神牛。然而，这正中秦惠王的下怀。等蜀国把路修好了，秦国的大军便顺着这条新修的路长驱直入，一举吞并了蜀国。蜀侯因贪图小利而失去了整个国家，自己也落得个身败名裂的下场。

## 警醒贪欲，深思远虑。

蜀侯面对秦王的利诱，未能权衡利弊，忽视了潜在的危险。他如果能够深思熟虑，或许能够意识到秦国的诡计。在面对诱惑时，保持清醒的头脑，审慎评估每一个决策的长远影响，是避免灾难的关键。

## 国破家亡，警钟长鸣。

蜀侯贪金失国的悲剧，为我们敲响了警钟。在面对那些显而易见的利益时，我们应保持清醒的头脑，贪婪往往会使人迷失心智，丧失判断力，从而做出错误的决策。真正的智者懂得以长远的眼光衡量得失，避免因一时的短视而付出沉重的代价。

原文

众见其害者，或利也。

译文

众人都认为有害的事物，或许是有利的。

## 点评

《老子》有言："祸兮福之所倚，福兮祸之所伏。"坏事可以引出好的结果，好事也可以引出坏的结果。

人们往往被表象所迷惑，忽视了事物潜在的转化的可能。

干旱的沙漠中，仙人掌以它那独特的形态储存水分，展现出生命的顽强；在深海中的生物，为了适应高压、无光、低温的极端环境，展现出独特的生存方式和形态特征。

这些自然界的奇迹，无不显示着在逆境中寻找出路，将不利条件转化为生存优势的智慧。

当今社会，这样的例子比比皆是。

企业面对市场寒冬，没有选择放弃，而是积极转型，探索新的增长点；个人遭遇挫折，没有沉沦，而是从中汲取教训，不断提升自我，最终迎来转机。

这些都是将困境视为成长契机，勇于转化，敢于突破的生动例子。

# 塞翁失马

## 失之东隅，能否收之桑榆？

在边塞地区，有个老翁养了一匹马。一天，这匹马意外走失，邻居们纷纷表示惋惜，认为老翁将因此遭受损失。然而，不久后，这匹马竟然带着一匹胡人的骏马回来了，众人又转而祝贺老翁。但好景不长，老翁的儿子在骑马时不慎摔伤，众人再次叹息不已。然而，不久后，朝廷征兵，老翁的儿子因伤未被征召，反而保全了性命，而其他应征的青壮年大多战死沙场。

## 以平和的心态面对利害得失。

塞翁失马的故事告诉我们：在面对得失时，应保持平和的心态。眼前的失去或许正是未来收获的开始，而表面的利益也可能隐藏着危机。真正的智慧在于洞察这些变化背后的规律，做到未雨绸缪。

## 祸福相依，化害为利。

看似不幸的遭遇，最终却转化为老翁一家的幸事，这启示我们：在面对生活中的困境和挑战时，要有长远的眼光和乐观的心态，相信每一次的挫折都可能成为我们成长的契机。

## 原文

君子重义轻利，小人嗜利远信，利御小人而莫御君子矣。

## 译文

君子重视道义而轻视利益，小人贪图利益而抛弃诚信。利益可以驾驭小人，却无法驱使君子。

## 点评

天下没有免费的午餐，每一份利益的背后，都可能隐藏着不可预见的代价。

君子追求的是合理合法的利益，是通过自己的勤劳与智慧换来的成果，而非不择手段地攫取。

在君子的世界里，诚信与道义是比黄金更宝贵的财富，失去了这些，再多的利益也不过是过眼云烟。

反观小人，他们为了利益可以不顾一切，甚至不惜出卖朋友、背叛亲人。

在他们眼中，利益至上，其他的一切都可以成为交易的筹码。

然而，这样的行为虽然能让他们在短期内获得一些好处，但长远来看，却会让他们失去更多。

# 宋高宗与秦桧的错误抉择

## 精忠报国何以含冤九泉？

南宋时期，金国崛起，岳飞以其卓越的军事才能，赢得了广大军民的支持。然而，在这一关键时刻，秦桧与宋高宗却出于各自的私利，联手策划陷害岳飞。

秦桧在与金国和谈的过程中，接受了金人的巨额贿赂，以及承诺其在南宋朝廷中继续保持高位并扩大权势的诱饵。金人认为，只要除去岳飞，南宋的抵抗意志将大大削弱，和谈成功的可能性也将大大增加。

秦桧在接受金国贿赂的同时，也敏锐地察觉到宋高宗对岳飞日益增长的威望深感不安，担心可能威胁到自己的皇权。于是，秦桧便趁机向宋高宗进言，诬陷岳飞拥兵自重、图谋不轨。宋高宗为了稳固皇权，默许甚至支持了秦桧对岳飞的陷害行动。秦桧随即罗织罪名、伪造证据，将岳飞诬陷下狱，最终岳飞惨遭杀害。

## 君臣同心，共御外侮。

在国家危难之际，君臣理应同心协力，共御外侮。然而，秦桧与宋高宗却出于私利，联手陷害忠臣，背离了国家大义。这告诫我们：在面对利益诱惑时，必须坚守正义和道德底线，不能为了一己私利而损害国家和人民的利益。

## 英雄枉死，小人遗臭万年。

岳飞枉死，宋高宗和秦桧虽然暂时稳固了权势与地位，但其罪行也永远地留在了历史的耻辱柱上。尤其是秦桧，时至今日，他已经成为奸臣、卖国贼的代名词。

原文

利无尽处，命有尽时，不怠可焉。

译文

利益是没有尽头的，而生命却有终点，只要不懈怠即可，切莫急功近利，铤而走险。

**点评**

生命短暂，而利益无尽，我们该如何在这有限的时光里找到人生的价值呢?

或许，答案并非在于无休止地追逐那些看似光鲜实则虚无的利益，而是在于内心的选择与坚守。

我们应当学会在纷扰的世界中寻觅一片宁静之地，让心灵得以栖息。

这并不意味着要逃避现实，而是要在忙碌之余，保留对美好事物的感知。

无论是晨曦初照时的温柔，还是夜色深沉时的宁静，都是生命赠予我们的宝贵礼物，值得我们细细品味，好好珍惜。

或许我们无法改变整个世界的走向，但我们可以尽自己的一份力，让周围的世界因我们的存在而变得更加美好。

# 汉文帝的仁政与节俭

## 如何平衡国家利益和民生福祉？

汉文帝刘恒，西汉第五位皇帝，以仁政和节俭著称。他的治国理念注重无为而治，推行轻徭薄赋、与民休息的政策。在他统治时期，国家逐渐强盛，但他从不追求奢华的享受，反而更加注重民生福祉，推行了一系列减轻百姓负担的政策。对于国家利益，他从不急功近利，追求的是长远利益。

## 仁政爱民，节俭治国。

汉文帝深知，国家的强盛离不开百姓的支持与信任。因此，他采取一系列措施来减轻百姓的负担，如减少赋税、废除肉刑等。同时，他自身也保持着节俭的生活习惯，不追求奢华享受，而是将更多的资源用于国家建设和民生改善。

## 国富民安，名垂青史。

汉文帝推行仁政，躬行节俭，不仅赢得了百姓的拥护与爱戴，也促进了国家的繁荣与稳定。在他统治的时期，西汉社会稳定，人丁兴旺，经济得到恢复和发展，与汉景帝时期合称“文景之治”。

汉文帝的治国理念为后世帝王留下了深刻的启示：在追求国家利益的过程中，应当保持不懈怠的进取精神，但切忌短视冒进。只有这样，才能在保障国家长治久安的同时，让人民过上幸福美好的生活。

原文

利无独据，运有兴衰，存畏警焉。

译文

利益不可独占，运势总有起落，应心存敬畏以警醒自我。

## 点评

利益，人人向往，却非一人所能独占。那些试图将一切利益尽收囊中的人，最终往往落得个孤家寡人的下场。

利益如同洪水，分而导之，则可细水长流，滋养万物。

运势的起伏，更是人生常态。

有人顺风顺水，一日千里；也有人逆风而行，步履维艰。

然而，无论身处何种境遇，我们都应保持平和的心态。

得意时，警醒自己切莫狂妄自大，要懂得与人分享利益；失意时，提醒自己万事万物都在变化，否极泰来，好运就在前方。

# 曹操推行屯田制

## 战乱中如何解决粮食短缺的问题？

东汉末年，群雄割据，农业生产遭受重创，粮食短缺成为天下一大难题。曹操为了巩固统治，开始推行屯田制，其形式主要分为军屯和民屯。军屯是在边境地区安置军队，由士兵闲暇时种植粮食以自给自足；民屯则是在内地招募流民，分配土地由他们耕种，收成由国家和屯田民众按比例分成。

这一举措迅速显现出优势，不仅增加了粮食储备，解决了军队的粮食问题，还吸收了大量流民，防止社会动荡。此外，曹操在边境设置军屯，加强了边境防御，为中原的统一奠定了基础。

然而，屯田制并非没有缺点。屯田民众的生活和自由受到限制，如果他们的权益未能得到充分保障，容易引发不满和反抗。曹操深知其中道理，因此他在推行屯田制的过程中，始终注重调节各方面的利益关系，努力平衡国家、军队和屯田民众之间的权益。

## 平衡利益，加强监管。

曹操通过屯田制成功解决了战乱时期的粮食短缺的问题，稳定了社会秩序。他的成功之处在于能够审时度势，制定符合实际的政策，同时注重平衡各方面的利益关系，确保政策的顺利实施。

## 经济恢复，社会稳定。

在曹操的领导下，屯田制在中原地区得到了广泛的推广和实施。农业生产逐渐恢复和发展，粮食供应得到保障。这不仅为曹操的军队提供了充足的粮食，还稳定了社会秩序，降低了民变和叛乱的可能性。

原文

物朴乃存，器工招损。

译文

事物保持质朴才能长久存在，而过于精巧的器具则容易招致损毁。

**点评**

质朴，是事物本质的真实展现，不加雕饰，返璞归真，方能历经沧桑而不改其色。

而过于追求工艺的精巧与华丽，往往会忽视事物的本质与耐用性，最终招致不必要的损害。

这不仅是对物质世界的观察，更是对人生哲理的深刻洞察。

质朴，是人性之本真，是心灵未被世俗尘埃所染的纯净状态。

它让人在复杂多变的世界中保持一份清醒与坚定，不轻易被名利所诱，不迷失于权谋之中。

相反，那些过于追求名利、工于心计之人，往往因小失大，最终反受其害。

# 庄子拒官

## 名利当前，如何保持心灵的质朴？

庄子是战国时期著名的思想家，他才华横溢，对世俗名利毫无兴趣，更愿意追求内心的自由与逍遥。楚威王曾听闻庄子的才名，派遣使者携带千金厚礼前去聘请他出任相国。面对如此诱人的官职与财富，庄子却淡然处之，他对使者说："千金，确实贵重；卿相，确实尊贵。你难道没有看到那祭祀时所用的牛吗？它们被饲养了好几年，身披锦绣，最后被送进太庙用来祭祀。但到了这个时候，即使它们想做自由自在的小猪，又怎么可能呢？你赶快走吧，不要玷污了我。我宁愿在污浊的小溪中自由自在地游戏，享受快乐，也不愿被国君束缚。我终生不做官，以追求我内心真正的志向与快乐。"

## 淡泊名利，追求自由。

庄子的故事启示我们：应该学会放下对外在名利的过分追求，专注于内心的修养与生活的本质，以追求真正属于自己的自由和幸福。

## 超然物外，遗世独立。

庄子以其超凡脱俗的生活态度和深邃的哲学思想，成为后世敬仰的典范。他的故事和著作不仅在中国文化史上留下了浓墨重彩的一笔，更激励一代又一代人在俗世凡尘中保持内心的自由与宁静，追求真正的人生价值。

原文

言拙意隐，辞尽锋出。

译文

言辞笨拙，可以隐藏真实意图；言辞一旦说尽，锋芒就会显露。

**点评**

老子曰：“大巧若拙，大辩若讷。”

真正智慧的人往往言辞谨慎，不轻易显露锋芒。

相比之下，浅薄之人则往往信口雌黄、无所顾忌，这样的行为不仅暴露了他们的无知与肤浅，更使人一眼便能看穿其内心的真实想法，其张扬的架势更是令人反感。

言语，作为人与人之间沟通的重要桥梁，是个人被外界了解的关键窗口。

如果一个人在言语上缺乏节制，口无遮拦，那么他就像一封没有封装的信，所有的秘密都暴露无遗。

# 东坡与佛印对话的禅机

## 言辞之锋，如何隐而不露？

北宋年间，大文豪苏东坡与高僧佛印交情甚笃，常常一起论道。一日，两人打坐参禅时，苏东坡问佛印禅师："禅师，你看我坐禅的样子如何？"佛印端详片刻，颔首赞道："很庄严，宛如一尊佛。"苏东坡大悦。然后佛印禅师又反问苏东坡："你看我像什么？"

苏东坡看佛印禅师穿着黄色僧袍，婆娑垂地，于是他抓住机会，连讥带讽地答道："像一堆牛粪。"佛印禅师沉默不语。

苏东坡自以为占了上风，归家后向苏小妹炫耀。苏小妹却正色道："哥哥，其实输的人是你。禅师心中有佛，故见人皆佛；你心中藏粪，才视人如粪。"苏东坡闻言愕然，方知禅功远不及佛印。

## 以拙藏意，以隐显智。

在这个故事中，苏东坡的言辞看似占到了便宜，却在无意中暴露了自己的心境；而佛印看似吃亏，实则在无形中展现了自己的高僧风范和深邃的智慧。二者相较之下，高低立现。

## 心领神会，境界提升。

苏东坡经苏小妹点拨后恍然大悟。他意识到自己言辞有失，并深刻地领悟到佛印想要传达的禅意。从此，他在言谈间更加注意分寸与节制，逐渐提升自己的修养与境界。而佛印禅师的智慧与修养，也通过此次对话得以传扬，佛印禅师赢得了更多人的敬仰。

原文

识不逾人者，莫言断也。

译文

知识或见识没有超过他人的人，不应轻易做出判断。

## 点评

每个人所掌握的信息与知识都是有限的，当我们的认知与见解尚未超越他人的时，应当保持谦逊，避免轻率地做出结论或判断。

正如古语所云：“知之为知之，不知为不知，是知也。”

我们应当真诚地审视自我，在不熟悉或不了解的领域内，切忌妄加判断，因为此举非但可能误导他人，还将损害自身的信誉与形象。

真正有智慧的人，会在深入学习与充分思考之后，再谨慎地表达自己的观点。

# 马谡失街亭

## 决策轻率的后果有多严重?

三国时期，蜀汉丞相诸葛亮为推进北伐中原的战略，特命马谡前往街亭担当防务重任，旨在抵御魏军南下。马谡尽管饱读兵书，却在实战经验上有所欠缺，他未能遵循诸葛亮的战略部署，即依托山水优势布置兵力，而是擅自将军队驻扎于远离水源的街亭山上。副将王平就此向马谡提出反对意见："街亭之地，既无水源又无粮道，一旦魏军实施围困，蜀军将陷入不战自溃的绝境。"马谡以精通兵法自居，蔑视王平的意见，他认为将大军置于山上，易守难攻，是兵法中的出奇制胜之道。然而，魏将张郃识破了马谡的意图，迅速切断了蜀军的水源和粮道。最终，蜀军因为水源断绝、粮道被阻而被魏军击溃。马谡失守街亭，直接导致诸葛亮的北伐计划受到了严重的阻碍。

## 广开言路，谨慎评估。

马谡的失败，源于他对自身能力的过高估计和对战场形势的轻率判断。他如果能在决策前充分考虑到实际情况，听取有实战经验的将领的意见，或许就能避免这一悲剧的发生。

## 诸葛亮挥泪斩马谡。

马谡的轻率不仅使街亭失守，还直接影响了整个北伐战局。诸葛亮痛心疾首，不得不挥泪斩马谡以正军法。马谡的故事，是历史上因决策轻率而失败的典型案例，它警示后人：在决策之前，必须充分了解情况，谨慎评估风险，避免决断轻率而酿成大错。

原文

势不及人者，休言讳也。

译文

势力不及别人的人，不要说犯忌讳的话。

**点评**

说一百句好话，不一定能结交一个人，但有一句话说得不好，往往就能得罪一个人。

尤其是当自己处于相对弱势时，言行举止更要谨慎。

说出犯忌讳的话，不仅会激怒强者，还可能给自己带来不必要的麻烦和灾难。

因此，保持谦逊、谨慎，避免言语冲突，才是明智之举。

这不仅是对强者的尊重，也是对自身安全的保护。

同时，不断提升自己的实力，才是改变现状的根本途径。

# 徐阶隐忍除严嵩

## 权臣当道，如何自保与反击？

明朝嘉靖年间，严嵩父子长期把持朝政，他们权倾朝野、贪赃枉法、横行无忌。徐阶身为内阁次辅，虽然痛心疾首，却从未在公开场合流露过不满情绪——他深知严嵩党羽密布，稍有不慎便会招来杀身之祸。每次严嵩召见徐阶，徐阶都表现出诚惶诚恐之态。阁中的事务，徐阶也几乎事事都顺着严嵩的意思，严嵩说什么就是什么，二人之间从不发生冲突。即便严嵩的儿子严世蕃多次羞辱他，他也都忍气吞声，毫无怨言。他甚至主动与严家联姻，将自己的孙女许配给严世蕃之子，以此消除严嵩的猜忌。

## 韬光养晦，静待时机。

在严嵩当权期间，徐阶始终保持恭敬的姿态，从不惹是生非，只是暗中指使门生故吏收集严嵩父子的罪证，却从不直接参与弹劾。他深知嘉靖皇帝极其宠信严嵩，若非嘉靖皇帝首肯，势必无法扳倒严嵩。于是，他投嘉靖皇帝所好，通过为嘉靖皇帝撰写青词而得到宠信。每当严嵩陷害忠良时，徐阶都是表面附和，而暗中保护无辜的清官，如海瑞等人。徐阶隐忍不发长达十余年，其间利用与严家的姻亲关系，获取了大量严嵩父子贪腐的证据。

## 一击必杀，铲除权奸。

徐阶抓住严世蕃私通倭寇、意图谋反的铁证，联合御史邹应龙发起弹劾。嘉靖皇帝震怒之下，将严嵩削职为民，将严世蕃处斩。徐阶的隐忍并非怯懦，他以柔克刚，用联姻示好，化解敌意，借青词邀宠巩固地位，既保全了自身实力，又为最终的反击积蓄了力量。这启示我们：在面对强大的对手时，逞一时口舌之快只会招致灾祸，唯有藏锋守拙、潜谋布局，才能在时机成熟时一击必杀。

原文

力不胜人者，勿言强也。

译文

力量不足以胜过他人的时候，不要说逞强的话。

**点评**

一个人在身处下风，受到侮辱时，该怎么应对？是要面子，逞口舌之快，还是识时务、避锋芒？

选择要面子与逞口舌之快，或许能暂时缓解内心的屈辱感，给对方一个“响亮”的回应。然而，这样的做法往往如同在荆棘丛中挥舞利刃，虽然可能割伤对方，但自己也会遍体鳞伤。

相比之下，识时务、避锋芒则是一种更为成熟和长远的策略。它意味着在面对侮辱与挑战时，我们能够保持冷静与克制，不被情绪左右。

当然，这并不是说我们要一味地忍气吞声、委曲求全，而是要在保持尊严的前提下，以一种更加智慧的方式去应对挑战。

比如，我们可以将侮辱视为激励自己前进的动力，不断提升自己的能力和价值，也可以利用这个机会展示自己的胸怀与气度，赢得更多人的尊重与支持。

# 高洋：隐忍而多谋的开国之路

## 如何在力量不足时自保并崛起？

高洋，东魏权臣高欢之次子。幼年时期的高洋偶尔展现出天才般的潜质，然而随着成长，他却逐渐变得平庸与怯懦。高洋的兄长高澄自幼便展现出非凡的聪慧。年少时，高澄便能独立出征。他先是被选为驸马，接着主动请求进入东魏朝廷辅佐政事，加领军、左右京畿大都督；后又兼任吏部尚书，被加封为大将军，兼领中书监。

高澄性格傲慢，对高洋多有欺凌。面对如此强势的兄长，高洋选择了隐忍。高洋的妻子李祖娥出身于显赫的门阀贵族家庭，她不仅学识渊博，而且容貌出众。高澄多次寻找机会，想要霸占李祖娥，高洋对此却默不作声。高澄因而认为弟弟易于驾驭，逐渐放松了对他的警惕。

## 隐忍不发，静待时机。

高洋的人生转折点发生在公元 549 年，当时高澄遭到家奴的刺杀。在这一危急时刻，年仅二十一岁的高洋迅速集结了一支军队，以迅雷不及掩耳之势平息了叛乱，并稳定了动荡的局势。紧接着，高洋接管了军事指挥权，执掌朝政。此后，高洋积极地在各地制造声势，传播关于自己天命所归的言论。

## 华丽转身，开国称帝。

经过精心布局和耐心等待，高洋终于在公元 550 年逼迫东魏孝静帝禅位，自立为帝，成为北齐的开国皇帝。

原文

王者不辩，辩则少威焉。

译文

王者不与人争辩，因为争辩会有损他的威严。

**点评**

王者，重在以行立威，其权力与地位即是权威的象征，足以令众人俯首称臣。

若身处高位与人争辩，却未能以理服人，反而可能暴露其无知与霸道，招致广泛的非议，这是作为王者需要极力避免的局面。

# 汉景帝与辕黄之争

## 当学术之辩涉及皇权禁区，君王如何自处？

西汉景帝时期，有两位学者——辕固生与黄生在朝堂上进行了一场激烈的争论，而产生分歧的议题是“汤武受命”的合法性。辕固生精研儒学，他以“天命民心”为据，主张桀、纣失德当诛；而黄生信奉黄老学说，坚持认为商汤和周武王都是弑君篡位。双方引经据典，互不相让，争论逐渐触及汉朝代秦而立的根基。汉景帝敏锐地察觉到这场辩论若持续深入，无论支持哪方都会动摇皇权的统治——若认同“汤武受命”，恐今人效仿犯上；若否定“汤武受命”，则高祖起义便成叛逆。

## 以威止争，划定禁区。

汉景帝并未直接加入学术辩论，而是以不容置疑的口吻下诏：“食肉不食马肝，不为不知味；言学者无言汤武受命，不为愚。”意思是说：吃肉不吃马肝，并非不懂得享受佳肴（古人认为马肝有毒，可致死）；讨论学术不谈“汤武受命”，并不算愚昧无知。此语既承认学术讨论有其自由的空间，又以“马肝”为喻，暗示皇权禁区不可触及，否则可能惹祸上身。汉景帝这种“不辩而止”的处理方式，不仅避免了君王陷入是非之争的窘境，还维护了统治者的权威，可谓一举两得。

## 掌控舆论，皇权稳固。

自汉景帝下诏之后，再也没有学者敢公开讨论“汤武受命”的问题。这件事为后来的“文景之治”奠定了思想基础，更为汉武帝“罢黜百家”的思想统一政策埋下了伏笔。汉景帝的智慧不仅体现在对争论的巧妙处理上，更体现在他对如何维护皇权威严的深刻理解上。这种权衡之术，不仅在西汉时期发挥了重要作用，还为后世君主提供了有益的借鉴。

原文

智者讷言，讷则惑敌焉。

译文

有智慧的人说话迟钝，说话迟钝就能迷惑敌人。

## 点评

孔子曰：“君子欲讷于言而敏于行。”

老子亦云：“大辩若讷。”

讷言，即慎言少语，言前须三思，避免口无遮拦。此二字，凝聚了圣人对社会、人生的深度思考。对于常人而言，则可塑造内敛、敦厚、有智慧的自我形象。

讷言之人，自我约束力强，行事不致莽撞。

所谓“言多必失”，在复杂的局势中，不轻易暴露意图，以沉默或讷言迷惑对手，这是深沉稳重、有智慧谋略的体现。

真正有智慧和人格魅力的人，不在于言谈多少，而在于适时而言，让自己的言语恰如其分。

# 阮籍醉酒避亲

## 身处乱世，如何明哲保身？

魏晋时期，司马昭为拉拢人心、巩固权力，欲与名士阮籍联姻。阮籍深知司马昭野心勃勃，若与之联姻必将卷入政治漩涡，但如果直接拒绝又可能招来杀身之祸，因此阮籍选择了一种独特的应对方式——醉酒装糊涂。他连续两个月昼夜纵酒，每日烂醉如泥，言语含糊不清。司马昭派来提亲的人始终没有机会与他谈论提亲的事宜，只能如实回禀司马昭。司马昭无奈地叹息道："这个醉鬼，随他去吧！"司马昭的手下钟会多次向阮籍请教有关时事的问题，企图从中找出一些差错来治阮籍的罪，也被阮籍以醉酒为借口糊弄过去。

## 醉酒以拒，讷言自保。

阮籍通过醉酒使言语迟钝、混乱，表面呈现庸碌、粗俗之态，实则暗中坚守立场。在司马家族独揽大权的时代背景下，阮籍深知保持清醒、遗世独立是何等艰难。他的讷言是一种策略，也是一种大智若愚的生存智慧。

## 全身而退，传为佳话。

阮籍醉酒避亲，既保全了自身名节和人身安全，又打消了司马昭的妄想。后来阮籍尽管在立场和理念上与司马家族存在一定的矛盾，但最终没有遭到司马家族的迫害，反而还几次受到司马昭的保护。这种以退为进、以柔克刚的讷言之道，成为后世文人面对强权时的参考典范。

原文

勇者无语，语则怯行焉。

译文

勇士通常沉默寡言，因为话语多会让他们犹豫不决。

**点评**

勇气常通过言语来体现，但沉默往往是勇气的另一种表达方式。

勇者之所以选择沉默，是因为他们深知言语的轻率可能削弱行动的决心。他们用行动而非空洞的言辞来诠释勇敢。

在决策与行动之间，沉默是深思熟虑的体现，是对自我信念的坚守，也是为了避免无谓的犹豫和动摇。

勇者的每一次行动，都是深思熟虑后果敢的行动，而非冲动或轻率的决定。

# 鉏麑触槐明志

## 忠义两难，如何取舍？

春秋时期，晋灵公姬夷皋暴虐无道，受到了佐政大夫赵盾的多次劝谏。晋灵公因此十分厌恶赵盾，于是派刺客鉏麑去刺杀正直的赵盾。

清晨，鉏麑潜入赵盾的居所，看到卧室的门已经敞开了，赵盾穿戴得整整齐齐，准备上朝。只不过因为时间还早，所以赵盾坐着闭目养神，嘴里还喃喃地念着规劝君王的话语。鉏麑被赵盾的勤勉与忠诚震撼，他深知杀忠臣则不义，违君命则不忠。他没有留下只言片语，也没有惊动赵盾，而是退至庭院，用力撞向院中的槐树自尽，以悲壮之举坚守忠义。

## 慷慨赴义，以死明志。

鉏麑用身体撞击槐树发出的闷响代替了所有辩解。他用慷慨赴死的勇气完成了对“忠”与“义”的诠释——既不愿违背国君的命令，更不忍伤害国家的栋梁。真正的勇气是坚守道义，而非屈从于暴力。

## 忠义的惊雷，震耳欲聋。

鉏麑的事迹被记载于《左传》中，并流传后世。他用血肉之躯证明：当言语无法承载道义的重量时，勇者会选择用生命书写答案。鉏麑之死，如同一声惊雷，不仅震撼了当时的人们，也警醒着后人，要以无畏的勇气坚守道义。

原文

忠臣不表其功，窃功者必奸也。

译文

忠臣从不夸耀自己的功绩，那些窃取他人功劳的人必定是奸诈之徒。

## 点评

功绩应由历史来评判，而非个人的自我标榜，更容不得窃取。

那些窃功者，往往出于一己私欲，不择手段地窃取他人的劳动成果，以图名利双收，其行径令人不齿。

忠臣默默奉献，不求回报，他们深知，个人的荣耀与国家的兴衰相比，微不足道。

因此，他们将功劳归于集体、归于国家，以此激励更多的人为国家奉献自己。

窃功者则贪婪且虚伪，他们为了达到目的，不惜损害他人的利益，甚至编造谎言、颠倒黑白，利用权势和地位，将他人的功绩据为己有。

这样的行为终究难逃世人的谴责与唾弃。

# 介之推隐退绵山

## 割股奉君，动机何在？

春秋时期，晋国宫廷内乱，公子重耳被迫流亡。在逃往齐国的途中，食物匮乏，众人只能以野菜充饥。彻底无粮后，介之推毅然割下自己大腿上的肉，煮成汤，献给重耳。重耳原本不知肉从何来，直至后来发现介之推行走不便，追问之下才得知真相。重耳感动不已，许下重赏之诺。

## 功成弗居，归隐山林。

多年后，重耳在秦国的帮助下重返晋国，平定内乱，并登基为君，即为晋文公。晋文公论功行赏，遍封群臣，唯独遗漏了介之推。介之推自知无功可表，认为即便没有他割肉相救，重耳亦能成就大业，于是携母悄然归隐山林。

## 绵山遗风，流传后世。

晋文公得知介之推未受封赏后，深感愧疚，欲加追补，但遍寻介之推不得，只知他隐居在茫茫绵山之中。于是晋文公听了手下的建议，从三面放火烧山，逼介之推自己出来。不料大火烧了三天，却始终不见介之推的影子。最后，有人在一棵烧焦的柳树下发现了介之推母子的尸骨。晋文公感其高风亮节，遂将绵山一带作为介之推的封地，以铭记自己的过失，表彰真正的忠良。

介之推宁死不言禄，在名利与节操之间，他选择了后者。尽管介之推在世时并未得到应有的荣耀与地位，但他的事迹却流传千古，成为后世忠臣的典范。

原文

君子堪隐人恶，谤贤者固小人也矣。

译文

君子能够隐藏他人的缺点，而诽谤贤能之人的人，本质上则是小人。

点评

古语有云："水至清则无鱼，人至察则无徒。"这句话是说：水太清澈，鱼儿就无法生存；一个人过于苛求，那么他就不会有伙伴。

君子胸怀宽广，不会因为一些小错误而苛责他人。

君子的这种宽容并不是纵容，而是在理解人性的基础上，给予他人成长和改进的空间。

然而对于小人，君子的态度则更为谨慎。他们知道小人往往心胸狭窄，容易因小事而怀恨在心。

嫉贤妒能是小人的天性，面对贤能之士，他们往往在暗地里进行诽谤，企图削弱对方的光辉。

因此，君子在与小人交往时，会保持一定的距离，既不轻易得罪，也不过分亲近。

# 管仲“藏污纳垢”

## 如何理解并实践“藏污纳垢”的智慧？

春秋时期，齐国在齐桓公的统治下称霸诸侯国，这一辉煌成就与贤相管仲的辅佐密不可分。齐桓公曾询问管仲，君王过奢侈糜烂的生活是否会对霸业构成威胁。管仲回答，只要能够识别、任用贤才，并且不让奸佞小人干政，那么这些嗜好并不会对国家大业造成损害。

## 知贤用贤，杜绝小人干政。

管仲深谙朝廷之中难免有奸诈的小人，若骤然清除，恐将激起剧烈的动乱。因此，他对小人采取既包容又不放纵的策略，使得这些小人虽有存身之所，却无法对国家的根基造成实质性影响。同时，他致力于选拔和重用贤才，确保国家政务由贤能之臣主导。

## 丢弃原则，历史教训。

然而，管仲离世后，朝中再也没有像他那样深得“藏污纳垢”智慧的人，那些曾经被他“包容”的小人也开始在暗中诋毁他。此时，齐桓公也屈服于内心的私欲，渐渐丢弃了亲贤远佞的原则，重新宠信那些小人，如易牙、竖刁、开方等。这些小人一旦得势，便犯上作乱，最后齐桓公被他们困在宫中活活饿死。这段历史为后世的人们提供了深刻的教训。

原文

好誉者多辱也。

译文

喜好名誉的人，往往会招致羞辱。

**点评**

俗话说：“德不配位，必有灾殃。”

名声一旦超越实际能力和德行，必将招灾引祸。遗憾的是，许多人未悟此理，为追名逐利，不惜一切提升曝光度，却未曾意识到，物极必反，当名气超越才华，便会透支福报，灾祸也将随之降临。

领导者若嗜好虚名，下属易投其所好，以虚假的行为迎合，弄虚作假之风便会盛行。

君主若爱虚名，必喜恭维之词，所召之臣亦是谄媚阿谀之辈，忠言逆耳难闻，真相难以显现。

“智者务其实，愚者争虚名。”智者不求虚名，深知万物皆须遵循阴阳平衡之道，追名逐利或致大祸临头。

争一时虚名，逞一时之勇，非智者所为。

未雨绸缪，审时度势，相机而行，方为处世之真谛。

# 齐宣王好射

## 如何超脱虚名之累？

春秋战国时期，齐宣王以好射闻名，尤其喜欢展示其拉开强弓的能力，享受他人对其勇武的赞誉。然而，这份荣耀背后却隐藏着一个不为人知的秘密。

齐宣王所钟爱的弓，实则仅需三石之力便可轻易拉开。一日，他兴致勃勃地将此弓展示给群臣，众人依次尝试，却皆在弓拉至半途时佯装力竭，用同样的话称赞道："此弓非九石之力不可开，唯大王能驾驭！"齐宣王听后，心中大喜，自此更加坚信自己能拉九石之弓。

齐宣王一生都沉浸在这种虚名之中不能自拔，即使是在处理国事上，也常常被虚名所累。

## 审视自我，鼓励直言。

君主要想识破虚名，须从内外两方面着手。对内，应培养自省能力，时刻审视自身的行为，不轻易被外界言论左右；对外，则须营造良好的政治生态，鼓励直言敢谏之人，让虚假之声无处遁形。

## 一生被骗，自取其辱。

若齐宣王能早日看穿虚名之累，接纳忠言，不仅个人修养将得以提升，齐国或许也能因此避免许多因决策失误而产生的灾难。然而，历史无法重来，齐宣王终其一生都沉浸在自我编织的虚名之中，这无疑是为后人敲响了警钟——无论身处什么位置，都应时刻保持清醒的头脑，不为虚名所惑。

原文

誉满主惊，名高众之所忌焉。

译文

赞誉太多会让君主惊恐，名声太大会被众人嫉恨。

## 点评

古人云：“木秀于林，风必摧之。”一个人若名声大噪，往往会引来不必要的嫉妒与敌意。

在历史上，许多杰出之士因功高震主或名扬四海而遭遇不幸。

有智慧的人，懂得适时收敛光芒，避免因过分张扬而树敌过多。他们明白，谦逊与低调是保护自己免受非议的有效方式。

追求名声本身并无过错，但如何在荣耀面前保持清醒，并能在巅峰过后适可而止，则是对个人智慧与修养的重大考验。

# 张良淡泊退隐

## 功成名就后，当仁不让抑或适时退隐？

张良，秦末汉初杰出谋士，为刘邦建立汉朝立下了汗马功劳。张良凭借超凡的智慧和深远的谋略，在楚汉争霸中多次为刘邦制订精妙的战略计划，最终助其成就帝业。随着汉朝政权的日益巩固，张良深感自己“为韩报仇强秦”的政治目的已达成，他开始考虑退隐之事，于是自称多病，闭门不出，逐渐从“帝者师”转变为“帝者宾”。

## 功成不居，淡泊退隐。

论功行赏时，刘邦打算赐予张良齐国三万户作为食邑，但张良谦逊地拒绝了这一封赏，仅请求将他与刘邦初次相遇之地——留地封给他，刘邦因此封他为留侯。在刘邦巩固皇权的过程中，张良遵循灵活的处世原则，即在必要时才行动，时而进言，时而保持沉默，很少直接参与皇室的权力斗争。在汉初刘邦消灭异姓王的斗争中，张良很少参与策划，以避免卷入政治的旋涡。同时，在皇室内部的明争暗斗中，张良也恪守“疏不间亲”的古训，不轻易介入刘邦家族内部的纷争。

## 大智知止，后世敬仰。

张良崇信黄老之学，深谙“鸟尽弓藏”的哲理，在功成名就之后自请告退，摒弃万事，专心修道养精、静居行气。他在权力斗争中保持低调和谦逊，逐步淡出朝廷，是汉初功臣中为数不多得以善终之人。张良大智知止，在功成名就后适时退隐，被后世广为传颂，成为士大夫学习的楷模。

原文

誉存其伪，谄者以誉欺人。

译文

赞誉中往往隐藏着虚伪，谄媚的人常用赞誉的方式来欺骗他人。

## 点评

赞誉，本是人际交往中的润滑剂，能够增进理解、促进和谐。

然而，赞誉若沦为谄媚的工具，便失去了其本真的意义，变成了虚伪与欺骗的载体。

谄媚者，为达目的不择手段，他们善于用甜言蜜语编织虚幻的美梦，以掩盖真实的企图。

这种虚假的赞誉不仅蒙蔽了他人的双眼，更侵蚀了社会诚信的基石。

真正的智者应当学会辨别真伪，不为虚假的赞誉所惑，坚守内心的真诚与原则。

# 安禄山的“忠诚表演”

## 如何在权谋与虚伪中辨识真心？

唐玄宗时期，安禄山为巩固自身的地位，不仅时常进献贡物和俘虏，以彰显边疆的安定，还擅长运用各种手段迷惑唐玄宗。进京觐见时，安禄山总是极尽谄媚之能事，利用一切有利条件表忠心。他称唐玄宗乃千古一帝，文治武功皆无人能及，唐玄宗听后龙心大悦。安禄山身材肥胖，有一次朝见时，唐玄宗指着他的大肚子戏谑地问：“你这肚子里到底装了些什么，以至于如此之大？”安禄山回答：“只有对陛下的赤诚之心！”这话既幽默又恰到好处地展现了他对皇帝的忠诚。他甚至请求做杨贵妃的养子，以进一步拉近自己与皇帝的关系。这些行为背后，隐藏的是安禄山对权力的渴望和对唐朝江山的觊觎。

## 不听忠言，埋下祸端。

宰相张九龄曾断言安禄山乃一叛逆之徒，将来搅扰幽州者定是此人无疑。安禄山因对战契丹失利，依军法被押解至京城，待审讯后拟处以极刑。张九龄力主严守军法，以绝后患。然而，唐玄宗认为张九龄忧虑过甚，一意孤行地赦免了安禄山，命其返回范阳。

## 起兵叛乱，遗臭万年。

随着安史之乱的爆发，安禄山的真实面目彻底暴露。唐玄宗在逃难途中意识到自己被安禄山的伪忠所骗，悔恨交加。一年后，安禄山次子安庆绪因不堪安禄山暴虐，将其杀死，就地在床下掩埋了事。安史之乱给唐朝带来了深重的灾难，无数百姓流离失所。安禄山作为叛乱的始作俑者，其罪行罄竹难书。

原文

名不由己，明者言不自赞。

译文

名声并非自己所能掌控的，明智的人从不赞美自己。

**点评**

世人都想有好名声，但一千个人眼里有一千个哈姆雷特，你在别人嘴里是好名还是恶名，即便贵为君王，也难以完全掌控。

在智者眼里，名声如同浮云，随风聚散，故而智者从不自我夸耀。

无数英雄豪杰以其卓越的成就赢得了世人的赞誉，但鲜有人因自我吹嘘而名垂青史。

相反，那些妄自尊大、自吹自擂者，往往只能招致他人的反感与嘲笑。

# 苻坚狂妄自大

## 身处权势巅峰，保持清醒何其难？

前秦皇帝苻坚在统一北方后，自命不凡。在一次南游时，苻坚对群臣夸耀武功，声称自己堪比轩辕黄帝，信心满满地要征服江南，统一中国。然而，太子苻宏与名僧释道安均提出反对意见，认为时机未到，不宜轻举妄动。苻坚被胜利冲昏头脑，对逆耳之言充耳不闻，反而更加坚定了伐晋的决心。冠军将军慕容垂是燕国后裔，而燕国正是为苻坚所灭。他趁机鼓动苻坚："皇上德比黄帝唐尧，功高商汤周武，怎会有错呢？你们出口不敬，贬损皇上，应该千刀万剐！"苻坚听了高兴异常，连道："知朕者，唯你一人！"于是重赏慕容垂，对太子等人却厉声呵斥。慕容垂心中窃喜。后来，苻坚伐晋大败，慕容垂趁乱自立，建立后燕。

## 谦逊自省，谨慎谋划。

苻坚只是统一了北方，就自命不凡，自比轩辕黄帝，可见其狂妄至极。正所谓骄兵必败，后来的淝水之战，东晋仅以八万军力大胜八十余万的前秦军，就是最好的证明。如果在统一北方后，苻坚能够谦虚谨慎地谋划伐晋大业，也未必不可能统一中国。

## 骄兵必败，国灭身亡。

淝水之战大败，前秦因此衰败。东晋乘机北伐，把边界线推至黄河南部。苻坚狂妄自大，致使国家灭亡；相反，慕容垂暗中布局，最终复国成功。这个故事告诫我们：成功时切勿沾沾自喜、自我吹嘘，要深刻地反思自己的不足，继续脚踏实地地前行，才能笑到最后。

原文

贪巧之功，天不佑也。

译文

靠贪婪和巧取获得的功名，上天不会护佑。

## 点评

利用歪门邪道获取的名誉，犹如生长在沙砾中的花朵，看似绚烂，实则扎根不稳，终将枯萎，甚至成为招致灾祸的源头。

名誉，从本质上讲，虽源于社会的认可与赞誉，但在更深层次上，它是苍天给予坚守正道、聪慧仁爱的灵魂的崇高奖赏。

对于那些违背天理、不择手段追求名利的人，上天不会给予他们真正的善果，因为正义与公理是宇宙间永恒的标尺，衡量着每一个灵魂是纯净还是卑劣。

# 王温舒的酷虐与贪婪

## 权力与贪婪如何侵蚀人性？

汉武帝时期，盗贼王温舒机缘巧合之下混入官府，凭借狠辣手段平步青云。任广平都尉时，他采取以恶制恶的方式对付盗贼，将广平境内的盗贼赶尽杀绝，因此声名大噪。升任河内太守之后，王温舒采取极端手段，大量抓捕地方豪强，致使无数无辜的生命惨遭毒手，籍没数百上千户人家的财产，从中贪污。剩下的豪强们为了买命，纷纷贿赂王温舒。王温舒有两副面孔：对无权无势者酷虐无情，滥杀无辜，即使是贵戚，若不居权要之位，也遭其侵夺财产；但面对有权有势者，他则变得谄媚，甚至因善事权贵而平步青云。

王温舒的恶行激起了民众的强烈反抗，最终，王温舒因隐匿吏卒、谋反及受贿等罪被揭露，自知末日来临而自杀身亡，共株连达五族之多。

## 公正执法，拒绝贪腐。

王温舒的故事警示我们：权力一旦与贪婪结合，将彻底扭曲人性，带来灾难性的后果。在社会和国家的管理中应树立道德榜样，坚守法治原则，确保权力在阳光下使用。同时，要建立健全监督机制，防止权力滥用和腐败现象发生。

## 自食恶果，被诛五族。

王温舒的结局不仅是对其个人的惩罚，更是对后世的警示。它告诫我们，无论身处何位，都应坚守正义与良知，切勿让权力成为贪婪的工具，否则终将自食恶果。

原文

赏誉勿轻，轻则誉贱，贱则无功也。

译文

对他人的赞誉不可太轻率，轻率就会导致荣誉贬值，荣誉贬值就失去功效了。

**点评**

赏誉之重，应与功绩相称。

若轻易给予，不仅不能激励他人，反而可能引起误解和轻视。

在封建时代，功名是君王统御臣民的手段，可以让人舍生忘死，其关键之处在于它难能可贵，不可轻易获得。

如果当权者不能论功行赏，而是凭借亲疏关系，私相授予，那么不仅受誉之人不知感恩，连世人也会轻视荣誉，更无人为当权者效力了。

论及当今社会，当荣誉具有稀缺性，需要坚定的毅力和不懈的努力才能获得时，荣誉便能够激发人们的潜能，让人们不断超越自我，追求更高的目标。

一旦荣誉唾手可得，人们便不再视其为珍宝，从而丧失追求卓越的热情。

# 王莽滥赏失策

## 君王应如何恰当赐予臣民荣誉？

西汉末年，王莽篡汉自立，建立新朝。他在统治初期，为了笼络人心、巩固政权，无论是亲信、功臣，还是地方豪强，皆不吝赐予高官厚禄与各种荣誉，使得公、侯、伯、子、男各级爵位人员众多。无论什么人，只要能博得王莽的欢心，就能提升品秩或地位，甚至直接从社会底层跃入贵族阶层。

## 当坚守原则，论功行赏。

王莽滥加封赏，不仅使得真正有功之臣感到不公，也大大降低了荣誉在民众心中的价值。许多人开始追求虚名而非实绩，社会风气因此败坏。如果王莽能够在赏赐时设立明确的功绩标准，并且公正无私地执行，那么荣誉的稀缺性将得以保持，人们也会更加珍视荣誉，从而激励他们为国家做出更大的贡献。

## 民心离散，新朝速亡。

王莽的滥赏政策非但没有加强其统治，反而加速了新朝的崩溃。民众对荣誉的轻视导致了社会凝聚力的下降，加之政治、经济矛盾的激化，最终引发了大规模的起义。王莽的新朝在内外交困中迅速土崩瓦解，成为历史上一个短命的政权。这一教训深刻地说明了：荣誉的授予应与个人的实际贡献相匹配，确保每一份荣誉都具有其应有的分量和意义。

原文

受誉知辞，辞则德显，显则释疑也。

译文

接受荣誉时要懂得辞让，辞让才能彰显品德，品德彰显才能消除猜疑。

## 点评

获取荣誉既是珍贵的机遇，也是严峻的考验。

古代礼仪规定：帝王登基，通常需要用“三辞三让”来展示其谦逊的品德和合法性；而大臣接受封赏，若是坦然接受，不仅可能引发帝王的疑虑，亦会招致同僚的非议。

同理，在职场中，即便下属再优秀，在接受奖励时，亦不可忘却对上级的尊重与敬意。

否则，此等行为或将被视为野心勃勃的行为，而招致猜忌和戒备。

而在同事之间，有人若因功自满、傲慢待人，则将难以维系他人的信任，也会引发别人的反感与抵触，甚至可能激起别人的破坏性行为。

# 王导辞相

## 一人之下，如何长盛不衰？

王导出身魏晋名门琅邪王氏，他助司马睿南渡登上帝位，建立东晋。在登基庆典上，司马睿让王导并排同坐，以彰显其功勋。王导辞让说："如果太阳也和大地万物一样，那么老百姓该到哪里沐浴光辉呢？"随着东晋政权的稳固，司马睿试图削弱王氏的势力。王导的堂兄王敦因此发动叛乱，王导主动率族中子弟到台阁处领罚，司马睿因王导的忠诚而宽恕了王氏族人。不久，司马睿忧愤而死，晋明帝司马绍继位，王导辅政。王敦以为有机可乘，领兵向京师逼近，王导坚决反击，平定叛乱，并因功被封为始兴郡公，特许剑履上殿，入朝不趋，赞拜不名，但王导坚决推辞。晋成帝司马衍即位后，下诏赐祭品于王导，并免其下拜之礼，王导推辞不受。后来，王导请辞相位，司马衍下诏引咎自责，勉其留任。王导坚决推让，司马衍数次下诏恳请，王导才继续执掌朝政。司马衍对王导极为尊敬，及至王导病逝，全国举哀三日。

## 谦逊处世，以退为进。

王导在权力与地位面前，始终以退为进，以维护君臣和谐，巩固朝政稳定。他深知高位与殊荣会带来不必要的麻烦与猜忌，因此多次主动辞让，以示忠诚。

## 德高望重，青史留名。

王导一生都在为东晋政权的稳固与发展默默奉献。他的谦逊与无私不仅赢得了朝野上下的尊敬与爱戴，更在史册留下了浓墨重彩的一笔。

原文

上下无争，誉之不废焉。

译文

上级与下属之间没有纷争，他们的声誉自然长存不衰。

**点评**

在中国古代，王朝的兴衰往往与内部是否和谐息息相关。

君臣一心，上下和睦，国家便能繁荣昌盛，声誉远播；反之，若内部纷争不断，则国家动荡，声誉受损。

大到国家如此，小到团队亦然。如果上司和下属在名利面前互不相让，团队将分崩离析。

只有通过上下一心的努力，才能共同维护团体的荣誉；若各自为政，最终只会导致人心涣散，相互拆台。在这样的环境中，集体的利益无法得到保障，个人的名誉也将如同无根之木，难以持久。

# 周公辅政

## 幼主与摄政大臣，君臣一心何其难得？

周朝刚建立两年，周武王就去世了，留下年幼的姬诵继承王位，即周成王。因成王年幼，便由叔父周公旦（即周公）辅政。管叔和蔡叔想篡位夺权，但又惧怕周公，于是四处散布谣言，说周公要谋害成王。成王逐渐被流言侵蚀，对周公生出了猜忌之心。周公为避嫌隙，便离开镐京，到了楚地。成王辨明真相后，悔不当初，于是用隆重的礼仪把周公请了回来。管叔、蔡叔贼心不死，与纣王的儿子武庚勾结起来发动叛乱。周公迅速领兵平定叛乱，诛杀叛首，流放罪臣，并妥善处理殷商遗民问题。

## 完善制度，不恋权势。

摄政期间，周公不仅平定了内乱，还致力于完善国家制度。他制礼作乐，建立典章制度，推动社会秩序的重建与文化的发展。他始终尊重成王的地位与权威，积极培养成王治国的能力。当成王成年后，周公归还政权，退居幕后，甘愿辅佐成王治理天下。成王感念周公旦的功绩与忠诚，特地将他分封到曲阜，并允许后世以天子的礼仪祭祀周公。

## 国家安宁，声誉卓著。

在周公的精心辅佐下，成王将国家推向了新的高度。在周成王与其子周康王统治期间，社会安定，百姓和睦，“刑错四十余年不用”，史称“成康之治”。周公的功绩被后世广为传颂。

原文

人无誉堪存，誉非正当灭。

译文

**人没有名誉还能存活，若名誉不是正道得来的，将导致灭亡。**

## 点评

名誉，虽然不是生存的必需品，但人人都向往，因为它是社会衡量个人价值的标尺。

名誉的获取方式至关重要，它应基于个人的真才实学、高尚的品德以及对社会的贡献。

名誉如果不是通过正道获得的，那就如同流星，虽一时耀眼，却转瞬即逝，最终还可能招灾引祸。

# 燕王哙禅位于相国

## 禅让王位，是贤名还是陷阱？

战国时期，燕王哙身边有一个大臣名叫子之，子之与齐国使臣苏代交情深厚。有一次，苏代访问燕国，故意贬低齐宣王，称赞燕王哙能够大胆信任大臣，特别是对忠心耿耿的相国子之信任有加。燕王哙听后，心中大喜，逐渐将国家大权交予子之。随后，子之又通过鹿毛寿进一步游说燕王哙，援引贤君尧禅位于许由而许由不受的典故，建议燕王哙将王位禅让给子之，以此博取贤君之名。燕王哙被这一虚名冲昏了头脑，竟然照办了。然而，子之并非许由，他不仅欣然接受了王位，还肆意妄为，将燕王哙视为臣子。燕国因此陷入混乱，国内矛盾激化。最终，将军市被与太子平在齐国的支持下，发动政变，讨伐子之。后来齐宣王乘机攻破燕国，子之与燕王哙同时被杀，燕国经历了一场浩劫。

## 正道求誉，德才并重。

追求名誉本身并无过错，但关键在于途径正当与否。燕王哙的故事警示我们：名誉的获取应以德才兼备为基础，而非盲目听信谗言，追求虚名。作为领导者，更应保持清醒的头脑，明辨是非，以国家和人民的利益为重，而非个人的虚荣心。

## 沽名钓誉，遗祸无穷。

燕王哙因为追求不切实际的贤名，最终导致自身丧命，国家动荡。这一悲剧告诉我们，在追求名誉的道路上，我们应当坚守正道，以德才服人，方能赢得真正的尊重与赞誉。

原文

求誉不得，或为福也。

译文

追求名誉却未能如愿，有时反而是一种福气。

## 点评

名誉是社会和他人对个人的肯定，这种肯定往往也会带来诸多期望。这些期望随着时间的流逝，可能会演变成沉重的负担，压在个人的肩上。

在名誉光环的笼罩下，个体常常感到需要不断地证明自己，以满足外界的期待。这种持续的压力有时会令人感到窒息，甚至影响到个人的日常生活和心理健康。

诸葛亮在《诫子书》中说："非淡泊无以明志，非宁静无以致远。"当一个人内心不被外界动摇，专注于内在的修养和德行时，不论外界是否给予赞誉，他都能获得内心的宁静与满足。

因此，追求名誉而不得，并非一种失败，反而可能避免了虚名浮利带来的纷扰，从而在更广阔的天地中自由地翱翔。

# 蒲松龄屡试不第

## 科举失意，是否一生无望？

清代文学家蒲松龄自幼勤奋好学，梦想通过科举考试步入仕途，光宗耀祖。然而，命运似乎总与他开玩笑，他屡试不第，仕途之路坎坷不平。面对外界的冷眼与嘲笑，蒲松龄并未气馁，而是将一腔热血转投到文学创作中，最终完成了传世巨著《聊斋志异》。

## 文以载道，寄托人生。

科举失利并未击垮蒲松龄，反而激发了他文学创作的热情与才华。他选择了一条与众不同的道路，用笔墨记录世间百态，以鬼狐之寓言寄托人生理想。这种选择不仅让他找到了内心的安宁与满足，更为后世留下了宝贵的文化遗产。

## 文学巨匠，名垂青史。

蒲松龄虽未能在科举场上扬名立万，但他凭借所著《聊斋志异》流传千古，成为后世敬仰的文学巨匠。他的故事告诉我们：在追求成功的道路上，或许会遭遇挫折与失败，但只要坚定信念，找到适合自己的道路，不懈努力，终会绽放光芒。

原文

情滥无行，欲多失矩。

译文

情感泛滥就没有品行，欲望过多就有失法度。

## 点评

老子有云：“少则得，多则惑。”无论是情感还是欲望，都应有所节制。

放纵情感与欲望，是自制力薄弱的直接体现。自我管理缺失，其后果往往异常严重。

在社会的大环境中，每个人都必须遵循既定的规则与法度，而个人的情感和欲望却往往难以与这些约束完全契合。

因此，一个成熟且希望在社会中立足并得到发展的人，必须学会克制自己的情感和欲望，避免任性行事，以免与社会大环境相悖，导致个人理想与抱负无法实现。

# 石崇热衷于炫富

## 在巨额财富面前，如何保持清醒与节制？

石崇，西晋开国元勋石苞之子，凭借家族势力和个人的才能迅速积累了巨额财富。石崇奢靡的生活令人咋舌。他与皇舅王恺斗富，两人难分胜负，晋武帝便暗中资助王恺一株稀世珊瑚树，石崇故意将其打碎，并以家中更高大的珊瑚树相赔。石崇设宴时会让美女劝酒，客人不喝则杀美女。他家中的厕所也极尽奢华，有美女侍候，客人上完厕所还须换上新衣。石崇还挑选相似的美女数十人，让她们穿戴一致，围绕柱子跳舞，永不间断，称为“常舞”。石崇拥有八百奴仆，尤爱美姬绿珠。司马伦专权时，贾谧被杀，石崇因为是贾谧的同党也被免官。司马伦的宠臣孙秀遣人向石崇索要绿珠，石崇拒绝。孙秀便矫诏逮捕了石崇，石崇被押至东市斩首时方才悟出，孙秀是为了谋夺他的家产才这样做的。兵士问石崇为何不散财避祸，石崇无言以对。

## 以德驭富，节制欲望。

石崇无视法律与伦理道德，为了满足一己私欲，不惜牺牲他人的生命，他的行为既无德行，又有违法度。世人应以石崇为戒，节制欲望，驾驭财富，才能不被欲望控制而失去人性。

## 身死家灭，令人感慨。

石崇最终落得身首异处的下场，他的母亲、兄长、妻子、儿女等均未能幸免于难。石崇的悲剧是对后人的一次深刻的警示。

原文

其色如一，鬼神莫测。

译文

人的神色如果能保持不变，那么就连鬼神也不能猜测他的心思。

## 点评

人的表情是内心世界的映照，而内心的平静与坚定，往往能通过稳定的神色体现出来。

能够做到喜怒不形于色，是一种修为，也是一种智慧。这种修为和智慧，不仅能够帮助人们在复杂的人际关系中保持冷静，更能在关键时刻让对手无法捉摸自己的真实意图，从而占据有利的位置。

在古代兵法中，就有“兵不厌诈”的说法，而神色如一，正是使“诈”的一种高级技巧。

在战场上，将领的神色变化往往关系到士气的高低；在谈判桌上，一个人的神色变化则可能影响到谈判的结果。

因此，能够控制自己的神色，是一种非常重要的能力。

# 周亚夫以静制动平七国

## 战争中身处逆境，如何掌控全局？

汉景帝三年（前 154），吴王刘濞联合其他六国发起叛乱，史称“七国之乱”。周亚夫临危受命，他提出“断敌粮道”的核心战略并得到了汉景帝的批准。

当时的梁国正遭受吴楚联军的猛烈攻击，连吃败仗，随时可能被叛军攻陷，于是梁王刘武急忙向周亚夫请求援助。但是周亚夫坚持既定战略，带领大军驻守在昌邑城，不参与任何战斗，只专注于一项任务：派遣轻骑兵前往淮泗口，切断吴楚联军的粮草供应。

## 以静制动，以逸待劳。

梁王刘武苦苦坚守，眼看叫不动周亚夫，只好派人请汉景帝向周亚夫施压。然而，周亚夫依然稳如泰山，拒绝了汉景帝调兵的命令。他坚持以静制动的战略，不自乱阵脚，况且“将在外，君命有所不受”，眼看就要切断敌人的粮道，决不能功亏一篑。后来，叛军兵临城下，企图打乱周亚夫的部署。面对叛军的挑衅，周亚夫识破了叛军的声东击西之计，于是每日饮酒下棋，不为所动。

## 平定叛乱，成就军事典范。

周亚夫的镇定不仅稳定了军心，更让叛军误以为他设有伏兵而不敢贸然进攻。他通过外在表现迷惑对手，同时坚定执行既定策略。吴楚联军因断粮而崩溃，周亚夫趁机追击，大破叛军。周亚夫在三个月内即击平吴、楚，其他五国也先后被平定，他展现出的非凡的军事素养以及沉着冷静的心态是他取得胜利的关键因素。

原文

上无度失威，下无忍莫立。

译文

上司没有度量容人，就会失去威信；下属不能忍受屈辱，就难以立足。

**点评**

宽容和忍耐，核心都在于胸怀。

容和忍本为一体，只是由于身份差异，表述往往截然不同。

常言道："宰相肚里能撑船。"这意味着领导者必须胸怀宽广，能够包容他人和各种事务。

有些领导者，仅仅因为下属的性格、脾气、爱好，甚至是一些微不足道的生活习惯与自己的期望不符，便急切地想要排除异己，如此缺乏包容心，必然会错失人才，从而丧失成就伟大事业的基础。

而作为下属，胸怀宽广主要体现在面对困难和挑战时，能够忍辱负重；如若不能，便会在困境中轻易动摇，错失成长的契机。

要想成就一番事业，就必须在逆境中磨砺自我，将每一次挑战视为成长的阶梯，以坚韧不拔之志，展现非凡的胸襟与气度。

# 娄师德宽厚待人

## 位高权重，如何面对嫉妒和误解？

娄师德，唐朝一位杰出的宰相，他为人宽厚，史书多有记载。娄师德的弟弟被任命为代州刺史，临行时，娄师德告诫弟弟，说娄家太受荣宠，会招人嫉妒，处理不好会有性命之忧。弟弟便说，以后有人朝他吐口水，他擦干就是，绝不与人争执。娄师德提出，若有人朝弟弟脸上吐口水，不应擦掉以示不满，而应笑着接受，让唾沫自然风干。

有一次，娄师德与同僚李昭德一同上朝，娄师德由于身体肥胖，步伐缓慢，李昭德多次驻足等待，但娄师德仍旧无法跟上。李昭德终于忍不住，生气地骂道："你这个乡巴佬儿！"对此，娄师德只是微笑着回应："如果我不是乡巴佬儿，那谁又是呢？"

## 宽厚清慎，犯而不校。

司马光在《资治通鉴》中对娄师德有高度评价，称其"宽厚清慎，犯而不校"。意思是说，娄师德为人宽厚、为官清正、做事谨慎，别人冒犯了他，他也从不报复。

## 待人厚道，得以善终。

娄师德生活在李唐与武周交替的动荡时期，面对酷吏的构陷和朝野中因言获罪的普遍现象，他保持着宽厚的气度，喜怒不形于色。在朝廷任职期间，他行事极为谨慎。他对弟弟"唾面自干"的规劝，也反映出当时官场环境的险恶程度。在武周统治时期，娄师德能够安然度过一生，实属难得。

原文

上下知离，其位自安。

译文

上级与下级之间保持适当的距离，各自的地位就都能稳固。

**点评**

在人际关系中，尤其是在权力结构复杂的环境中，上下级之间保持适度的距离是至关重要的。这不仅能够维持权力的平衡，还能促进组织的健康运行。

过近的关系可能导致权力滥用，过远的关系则可能引发隔阂与不信任。

明智的领导者懂得如何在亲密与疏远之间找到恰当的平衡点，既能确保自身地位的稳固，又能激发团队的活力。

# 陆炳：嘉靖朝的特例

## 纵横权斗，为何能一生不败？

陆炳的母亲是嘉靖皇帝的乳娘，陆炳自幼便跟随母亲进入王府，与嘉靖皇帝相伴成长，两人建立了深厚的感情基础。这种情感纽带，使陆炳在皇帝心中拥有了特殊的地位，超越了普通的君臣关系。嘉靖十八年（1539），嘉靖皇帝的行宫突发大火。在混乱之中，陆炳不顾个人安危，将嘉靖皇帝背出火海。这一英勇的行为让嘉靖皇帝对他更加信赖和器重。陆炳先后扳倒内阁首辅夏言、大将军仇鸾，随后又弹劾了司礼监宦官李彬，朝廷内外都对他心存敬畏。当时，六部的大事都必须经过他的裁决，朝廷中有一半的言官都出自他的门下，可以说陆炳权倾天下。而嘉靖皇帝多次制造大案，陆炳常常保护士人，因此朝中人士多对他赞誉有加。

## 谨慎与智慧并重。

在嘉靖朝，揣摩皇帝心思成了做官的重要诀窍。陆炳不仅擅长此道，而且极为谨慎。他能够准确把握皇帝的心理，却从不利用这些信息来结党营私。相反，他始终保持对皇帝的忠诚和对职责的坚守，又不与皇帝过于亲密，以免招致皇帝的反感和朝臣的嫉恨。

## 君臣相知，朝政稳定。

在嘉靖皇帝的信任和支持下，陆炳兢兢业业地履行着自己的职责，不仅成功地保障锦衣卫稳定运作，还在一定程度上抑制了东厂的势力扩张，稳定了朝局。

## 原文

君臣殊密，其臣反殃。

## 译文

君主与臣子关系过于亲密，臣子反而会遭遇不幸。

## 点评

古语有云："伴君如伴虎。"此言非虚。

君臣之间，虽应相互信任，但亦须保持适当的距离与分寸。

当君臣关系过于紧密，臣子易因过于亲近而失于谨慎，甚至可能因卷入宫廷斗争的旋涡而遭受无妄之灾。

历史上，不乏因为过于接近权力中心而遭受不幸的臣子，他们或因被君主猜忌，或因卷入复杂的政治斗争，最终落得身败名裂的下场。

因此，真正的智者在与君主相处时，既能保持忠诚与敬业，又能适时抽身，避免成为宫廷斗争的牺牲品。

# 主父偃：从寒门士子到权臣末路

## 君臣之间过于亲近有多可怕？

主父偃，齐地临淄人，早年求学无门，生活困顿。他遍访名家，虽屡遭白眼，却更坚定了以学识改变命运的决心。他初至长安上书，即受汉武帝青睐，从此踏上仕途。主父偃入仕后，提出的削藩策略“推恩令”不仅有效削弱了诸侯王的势力，还巩固了中央集权。此外，他还力主迁徙豪强以充实京畿，并提出尊立卫子夫为后等建议，这些举措均深得汉武帝赞赏。短短一年内，主父偃四次升迁。然而，随着权势日盛，主父偃逐渐迷失了自我，他错误地认为与汉武帝之间的亲密关系足以让他为所欲为。他开始涉足皇族内部的纷争，甚至利用职权逼迫齐王自杀。此外，他还大肆收受贿赂，结党营私。这些行为不仅让其他大臣感到不安，也让汉武帝对他产生了戒备之心。当主父偃因为揭发燕王的隐私而得罪赵王时，他的末日已经悄然降临。

## 恪守本分，保持距离。

主父偃若能恪守臣子的本分，不越雷池，或许能避免最终的悲剧。他应当时刻提醒自己，无论与皇帝的关系多么亲密，都应保持适当的距离，以保障自身的安全。

## 越界招祸，身败名裂。

赵王趁主父偃离京赴任齐相之机，上书揭发其罪行。汉武帝初时虽犹豫，但在公孙弘的劝谏下，最终决定将主父偃诛族，一代权臣就此陨落。主父偃的悲剧，是他自己亲手酿成的。他因过于自信而忽视了与皇帝之间应有的距离与界限，最终落了个悲惨的结局。

原文

小人之荣，情不可攀也。

译文

**小人也会发达，但不可以跟他们攀交情。**

## 点评

小人擅长隐藏自己的情感和真实的意图，并且十分注重自己的言行举止，会刻意塑造出忠诚与正直的形象。他们通常善于察言观色，能够迅速根据对象的不同切换情绪。

小人得志后，有些人主动结交，这无异于与虎谋皮，终将深受其害。

与小人相处，看似融洽，一旦触及其利益，他们便会立即翻脸。

小人本性难移，不可感化或转变。如遇小人，实乃不幸，应减少交往，以免招灾惹祸。

有些人自以为聪明，不易被小人欺骗，却忽视了与小人交往的分寸，在不知不觉中吃了亏。

小人表面与你亲如手足，转身便在上级面前打压你，简直令人难以置信。因其前后态度反差巨大，常常使人措手不及，深受其害。

# 唐寅与宁王的纠葛

## 如何避免成为他人野心下的棋子？

弘治十一年（1498），唐寅中应天府乡试第一，名声大噪。赴京赶考途中，他结识了徐经，二人成为密友。然而，因为试题泄露事件，二人被捕入狱。唐寅被罢黜为吏，不愿就职而回苏州。面对家境的破败和外界的流言，他消沉放纵，休妻弃家，以卖画为生。在苏州桃花坞，他专心于写字作画，创作生涯达到顶峰。尽管才华横溢，但他风流成性，挥霍无度。宁王意图谋反，见唐寅才情出众，便想将其招揽至麾下，为己所用。起初，唐寅并未察觉宁王的真实意图，以为只是遇到赏识自己的知音。但随着与宁王的交往日益频繁，他逐渐发现宁王行事诡秘，且身边聚集了一批图谋不轨之徒。唐寅心中开始生疑，担心自己卷入不必要的政治纷争。

## 察言观色，及时抽身。

唐寅在意识到宁王的真实目的后，果断采取了行动。他整日装疯卖傻，胡言乱语。宁王以为唐寅已失去理智，无法为己所用，就将唐寅赶出了府邸。

## 智避祸端，保全自身。

唐寅的机智与果断让他成功地避开了这场政治旋涡。宁王谋反失败后，参与其中的许多人都受到了牵连，而唐寅却因其敏锐的观察力和果断的决策得以保全自身。他的故事告诉我们：对于别人抛出的橄榄枝，我们一定要学会甄别，若是小人的利诱，则万万不可与之论交。人生道路上遇到的人有好有坏，只有在关键时刻做出正确的选择，才能保全自身。

原文

情存疏也，近不过己，智者无痴焉。

译文

情感应留有空间，即使关系再近，也应保持自我，有智慧的人不会痴迷于情感之中。

## 点评

三毛说："朋友再亲密，分寸不可差失，自以为熟，结果反生隔离。"这话一点儿没错，有时候关系太近了，最后反而会变得谁也不理谁。

人和人相处，如果一开始就掏心掏肺，时间长了，肯定会产生各种麻烦和不满。

就像你手里抓着沙子，越使劲儿抓，沙子就漏得越快；人和人之间的情感，你越想抓住，反而越抓不住。

只有保持适当的距离，真诚而不失平衡，像云一样自然，亲密但又不过分，才能享受到轻松自在的关系。

只有保持适当的距离，才能让人性的美好持续不断地展现出来。

# 李清照与赵明诚

## 一代才女如何在深情中保持自我?

宋代著名女词人李清照以其卓越的才华和独特的个性闻名于世。她与丈夫赵明诚的婚姻被传为千古佳话。李清照与赵明诚都是文学爱好者，他们志同道合、情投意合。在那个男性主导的社会中，李清照能够保持自己的爱好与自由，离不开赵明诚的理解与支持。

## 给对方留出自我的空间。

李清照好酒，赵明诚非但不加干涉，反而陪她对月小酌，教她行酒令，让她的酒趣得以自由发挥。李清照酷爱博戏，赵明诚非但没有责备，反而支持她撰写《打马图经》。赵明诚的这些举动，不仅体现了他对李清照的情深意浓，而且更难得的是，他能在婚姻中给对方留出自我的空间。

## 相互成就，传世佳话。

在赵明诚的理解与支持下，李清照得以在文学创作中自由驰骋，留下了许多脍炙人口的词作。两人相互尊重、相互成就，共同书写了一段流传千古的爱情传奇。这段故事告诉我们：真正的爱情不是束缚与占有，而是在相互尊重与理解中，让对方活出自我，成为更好的自己。

原文

情难追也，逝者不返，明者无悔焉。

译文

感情难以追寻，逝去了就不会再回来，明智的人对感情从不后悔。

**点评**

人生如流水，情感似云烟，许多美好与遗憾都随着时光的流逝而消散。

情感的世界复杂多变，有时候，即使我们拼尽全力，也未必能留住那份曾经的温暖与甜蜜。

过去的就让它过去，不必过分纠结于无法挽回的过往，因为每一次的放手都是为了更好地前行。

在时间的长河中，每个人都会经历得失与离合，这些经历构成了我们丰富多彩的人生。

明智的人懂得珍惜眼前人，把握现在，而不是沉溺于过去的回忆中无法自拔。他们明白：只有放下过去，才能拥抱未来；只有释怀遗憾，才能迎接新的希望。

# 东坡与朝云的情缘

## 佳人逝去，内心如何平静？

熙宁四年（1071），苏轼被贬至杭州，偶遇歌女王朝云。王朝云虽涉世未深，却对苏轼的才情仰慕不已。她毅然决定追随东坡先生，共度余生。二十余年风雨同舟，无论是黄州的清贫岁月，还是惠州的艰难时光，王朝云始终不离不弃，用她的坚韧与柔情为苏轼撑起了一片天。然而，命运弄人，王朝云在惠州不幸染病，年纪轻轻就香消玉殒。

## 释怀过去，寄情诗词。

在朝云逝去的日子里，苏轼没有沉溺于哀伤之情，而是寄情于诗词，写下许多诗、词、文章来悼念这位红颜知己。他在朝云的墓边筑六如亭以纪念她，并亲手写下楹联："不合时宜，惟有朝云能识我；独弹古调，每逢暮雨倍思卿。"这亭联饱含着他对这位红颜知己的无限深情。

## 心灵升华，人生无悔。

苏东坡的诗词中不仅有对故人的怀念，还充满了对生活的热爱与对未来的憧憬，展现了一个智者应有的风范与气度。虽然他的一生充满坎坷与波折，但他从未后悔过自己的选择与所经历的一切。朝云已去，她的影子却刻在苏东坡的心中，也留在惠州西湖的山水花木之中。遥想才子佳人的悲欢情愁，怎不令人为之叹息？

## 原文

多情者多艰，寡情者少难。

## 译文

情感丰富的人艰苦多，缺乏情义的人磨难少。

## 点评

情感，是人生旅途中不可或缺的调味料，它为生活增添了色彩与温度，但也可能成为前行的负担。

多情之人，因情感细腻而深刻，往往更容易为情感所困，面临更多的挑战与困境。他们对待人与事充满热情与关怀，但也可能因此遭遇更多的挫折与磨难。

相反，寡情之人，看似冷漠，实则内心坚韧，不易为外界所动，因而能够在复杂多变的人生旅途中减少不必要的烦恼与困扰。

# 唐玄宗的爱情悲剧

## 儿女私情与国家大事，孰轻孰重？

唐玄宗李隆基在位初期励精图治，开创了唐朝的鼎盛时期——开元盛世。然而，晚年的他开始松懈，沉迷于享乐，对杨贵妃更是极度宠爱。唐玄宗为了博取杨贵妃的欢心，不惜劳民伤财，大兴土木，修建华清宫等奢华的宫殿。同时，唐玄宗对杨氏家族给予了极高的恩宠，使得杨国忠等奸佞之臣得以趁机掌权。这份过度的情感投入，不仅削弱了唐玄宗的治国能力，更为后来的安史之乱埋下了伏笔。当叛乱发生时，唐朝的军队因长期懈怠而无力抵抗，长安城很快沦陷，唐玄宗不得不仓皇出逃。在逃难途中，为了安抚军心，唐玄宗赐死了心爱的杨贵妃。

## 情智并重，以国为重。

唐玄宗的故事告诉我们：作为统治者，应当时刻保持清醒与理智，在情感与国家利益之间做出正确的抉择。沉迷于情感只会让人迷失方向，丧失判断力，最终导致不可挽回的后果。真正的智者应能在享受情感带来的美好时保持适度的节制与自我控制，以国家利益为重，不被个人情感左右。

## 多情导致国破家亡。

唐玄宗过度沉迷于爱情之中而忽视了国家的治理与安危，最终导致自己的流亡命运与唐朝的衰落。这一悲剧性结局警示着后人：在人生的旅途中，应学会平衡情感与理智的关系，以大局为重，方能避免自毁前程。

原文

情之不敛，运无幸耳。

译文

情感若不加以收敛，命运往往不幸。

## 点评

情感，作为人性的重要组成部分，既是推动人前行的动力，也可能是阻碍理智判断的绊脚石。

当情感肆意泛滥，不加约束时，它便可能蒙蔽人的双眼，让人失去对现实的清晰判断，进而导致人生的不顺。

性格决定命运，而情感则在很大程度上塑造了一个人的性格。

情感如同海水一般，时而汹涌澎湃，时而平静如镜。

一个人如果不能妥善地管理自己的情感，就可能在情绪的波涛中迷失方向，做出错误的决定，甚至伤害到身边的人。

# 张飞的悲剧

## 情绪如何左右命运？

张飞，三国时期蜀汉名将，以勇猛著称，与关羽并称为“万人敌”。然而，张飞的性格中却有着不容忽视的缺陷——暴躁易怒，难以控制自己的情绪。这一性格缺陷在他对下属的态度上表现得尤为明显，稍有不顺心，他便对下属非打即骂，甚至动辄杀人。这种情绪上的失控，最终导致了他的悲剧。在关羽被害后，张飞悲痛欲绝，情绪上的失控达到了顶点。他急于为兄报仇，不断催促部下置办白旗白甲，以备挂孝伐吴。然而，由于准备时间紧迫，下属范强、张达无法按时完成任务，遭到了张飞的严厉鞭打。愤怒之下，张飞甚至扬言要杀了二人。范强、张达走投无路，最终决定先下手为强，趁张飞熟睡时将其杀害，并投奔东吴。

## 适度表达，理性处事。

张飞的故事告诉我们，情绪虽然是人类不可或缺的组成部分，但必须学会适度地表达和理性地控制。作为一名将领，张飞的行为不仅影响着自己的命运，还关系到整个军队的士气和战斗力。因此，他需要以身作则，展现出一个领导者应有的冷静和理智，为部下树立一个良好的榜样。

## 情绪失控，遗憾丧命。

张飞的悲剧不仅是个人的不幸，也是历史的遗憾。他的故事警示我们：在追求目标的过程中，必须时刻保持冷静与理智，避免因冲动而做出错误的决策。只有学会驾驭自己的情绪，以理性去面对生活中的挑战和困难，我们才能真正地把握自己的命运。

原文

人困乃正，命顺乃奇。

译文

人处在困境中是正常的，命运顺遂才是奇迹。

**点评**

“宝剑锋从磨砺出，梅花香自苦寒来”，艰难困苦往往是对人的考验。

然而，大多数人都是平凡之辈，能承受磨难的考验的人寥寥无几。他们不追求富贵荣华，不渴望衣锦还乡，只愿一生平安顺遂。

期待奇迹，既需要耐心，也需足够的运气。有耐心之人常有，而运气却让人难以捉摸。

面对逆境，有人选择坚韧不拔地前行，有人则可能陷入消沉的情绪当中。

但无论如何，逆境是人生中不可或缺的一部分，它让我们更深刻地认识自我，领悟生活的真谛。

与此相比，命运的顺遂显得尤为珍贵，它仿佛是上天的馈赠，让人在平凡中体验到非凡的奇迹。

# 归有光的坎坷与辉煌

## 八次落第，人生还有何望？

归有光，明代文学家，幼时就创作出代表作《乞醯论》，令人赞叹不已。嘉靖十九年（1540），归有光中举人，次年会试落第。此后又七赴春闱，皆不第。这一时期，他不仅承受着巨大的心理压力，还饱受经济困难的煎熬。面对命运的戏弄，归有光选择讲学传道。他声名远播，吸引了众多弟子。直到嘉靖四十四年（1565），归有光第九次参加会试，终于中了三甲进士。他虽然已约六十岁，但壮志未衰，远赴长兴担任知县。在那里，他政绩显著，深受百姓爱戴，却也触犯了豪强和大吏的利益。隆庆二年（1568），他遭到明升暗贬，调任顺德府通判，负责马政。一到任上，他便勤勉地工作，并利用闲暇时间编纂了一部《马政志》。到了隆庆四年（1570），归有光的才华得到了更广泛的认可。他升任南京太仆寺丞，后来又被首辅李春芳留任内阁。这是归有光人生的辉煌时刻。然而，他在内阁任职仅一年便重病缠身，不幸离世。

## 以坚忍持志，以才华立身。

归有光面对科举的挫折和官场的艰难，选择以坚韧不拔的精神持守自己的理想。他没有在失败中沉沦，而是选择不断提升自己的文学修养和人生境界。

## 名垂青史，光照千秋。

回顾归有光的一生，尽管他八次科举落榜，饱尝了人生漫长的低谷岁月，但他坚韧不拔和永不言弃的精神，最终使他功成名就。他的文学作品、教育理念以及人格魅力，都值得后世学习。

原文

以正化奇，止为枢也。

译文

将逆境转化为顺境，关键在于懂得适可而止。

## 点评

逆境与顺境交织如同日与夜的更迭，不可避免，关键在于掌握“止”的艺术：知晓何时应该停止徒劳的努力，何时应该转换方向，何时应该坚守原则，何时应该灵活应对。

在纷繁复杂的世界中，人们往往急于求成，却忽略了“止”的重要性。然而，过度的行动只会使人陷入更深的困境。

相反，那些理解“止”的人，能在喧嚣中保持清醒，用冷静的头脑分析局势，找到最合适的应对策略。

在处处受限的情况下，放手一搏固然关键，但有所保留也同样重要：避免麻烦，往往是提升成功概率的关键。

# 曾国荃行事鲁莽

## 如何在愤怒与冲动中保持冷静？

曾国藩以行事稳健而著称，然而其弟曾国荃却行事冲动，缺乏涵养。在曾国荃担任湖北巡抚期间，由于湖广总督官文拒绝派兵救援，间接导致其兄曾国华牺牲，这让曾国荃对官文心怀怨恨。随后，其弟曾贞干在军中病逝，其遗体途经武昌时，其他官员纷纷前来吊唁，官文却未露面，这再次激怒了曾国荃。官文在没有显著战功的情况下被封为伯爵，与曾国荃平起平坐，曾国荃感到极度不公，决意上书弹劾官文。曾国藩立即劝阻，提醒他不要过于执着，以免引火烧身。曾国荃不顾劝阻，结果不仅没有伤到官文分毫，反而给自己带来了不小的麻烦。

## 以稳制怒，以止避祸。

曾国藩始终将儒学的中庸之道作为人生准则，行为知“止”。无论是在京城官场沉浮，还是在地方上组织团练，他都是依靠这种精神力量坚持到底的。曾国藩早就察觉到曾国荃的自满情绪，针对曾国荃随意发表对朝廷不满的言论的行为，曾国藩不断地给予提醒和教诲。

## 兄弟怡怡，家族长盛。

曾国荃及其领导的湘军在对太平军作战期间，因嗜血成性及掠夺财宝的行为，遭到了后世的严厉批评。曾国荃晚年常常为不听从曾国藩的教诲而后悔，此时他对曾国藩的后人的教育也不遗余力，留下了难得的“兄弟怡怡”的佳话。这也使得曾氏家族长盛不衰、人才辈出。

原文

事变非智勿晓，事本非止勿存。

译文

没有智慧就无法洞察事物的变化，在事物的本质上不适可而止就难以长存。

## 点评

拥有智慧的人，能够敏锐地捕捉到变化的苗头，提前做出应对措施；而缺乏智慧之人，往往后知后觉，甚至被变化所吞噬。

本来世事是无常的，人有得意的时候，也有受辱的时候，用不着有太多的失落和绝望。

一个人智慧的高低，往往表现在他对变化的洞察上。而变化的规律往往隐藏在表象之下，需要我们有足够的定力和耐心去探寻本质。

本质即万事万物的内在规律，遵道循德，顺应事理变化，这是智慧的体现。

明白自己应该在什么地方停下来，明白做人做事的道理，到了边界就要停止，不能超越。如此，方能长久存在和发展。

# 张衡的痴迷与淡泊

## 如何在出世入世之间找到平衡?

张衡精通天文历算，曾改进浑天仪，发明地动仪、指南车等精妙仪器；发现日食及月食的原因，绘制记录两千五百颗星体的星图，提出“宇之表无极，宙之端无穷”的观点；数学著作有《算罔论》；文学作品以《二京赋》《归田赋》等为代表，与司马相如、扬雄、班固并称“汉赋四大家”。张衡虽多次应召入京，任郎中、尚书侍郎等职，但他不愿深陷官场纷争，数次辞去职务，专心做学问。大将军邓骘欣赏张衡的才华，多次征召他，张衡都不应命。

## 以智慧洞察世事变化，以节制守护本心。

张衡在科技领域取得了卓越的成就，同时在仕途上也保持着高洁的品格。《归田赋》是张衡创作的一篇抒情小赋。当时，张衡任河间相，向朝廷自请退职。他深感阉竖当道，朝政日非，豪强肆虐，纲纪全失，自己既无法等到社会清明之时，又没有报国之路，不如远远离开污浊的社会，以归隐田园的实际行动表达对黑暗的政治的不满。

## 名垂青史，泽被后世。

张衡的科学发明，不仅在当时具有划时代的意义，而且对后世的科技发展产生了深远的影响。同时，他淡泊名利、追求真理的精神，也被后世学者与文人争相效仿。这种适可而止的智慧，使他在复杂多变的政治环境中得以保全自己，同时也留给后世宝贵的科学遗产与文学佳作。

原文

天灾示警，逆之必亡；人祸告诫，省之固益。

译文

天灾是警示，违逆它必遭灭亡；人生祸乱令人警惕，积极反省必有益处。

## 点评

古人云：“天作孽，犹可违；自作孽，不可活。”

天灾虽不可抗拒，但人类若能从中汲取教训，顺应自然，便能减少损失，甚至化险为夷。

然而，人祸往往源于人心的贪婪与愚昧，若不能及时反省，纠正错误，必将陷入更深的困境。

历史上无数的例子证明，那些能够正视天灾人祸、勇于自我反省的人，往往能够走出困境，迎来新的发展机遇。

在现代社会，天灾人祸依然存在，它们不断考验着人类的智慧与勇气。面对这些挑战，我们要从内心深处进行深刻的反省与改变。

我们只有真正认识到自己的不足，并付诸行动去改正，才能避免不可挽回的灾难，实现可持续发展。

# 唐德宗的悔过

## 国难当头，君主如何以诚悔过、安定天下？

公元 783 年，长安沦陷，唐德宗仓皇出逃，大唐帝国陷入前所未有的危机之中——国家四分五裂，百姓流离失所。这场内乱似乎预示着王朝的末日，为了挽救国家，德宗在逃亡的途中颁布了《罪己大赦诏》，深刻地反省自己的过失，直言不讳地指出："我居安忘危，不知稼穑之艰难，不察征戍之劳苦，不查虚实，以假当真，我的所为使百姓不安，陷国家于内乱，责任全在我，不能推卸给别人。"这份坦诚与自省，让百姓看到了帝王的诚意与决心。

## 勇于自责，与民更始。

德宗不仅勇于承担责任，还迅速采取了补救措施。他宣布：去除过去的苛捐杂税，减轻百姓的负担；对于跟随叛军之人，除了首恶必惩外，其余一律赦免其罪，给予改过自新的机会。同时，他还宣布赦免了包括李希烈在内的多个节度使的一切罪名，并承诺"各复爵位，待之如初"，以此稳定军心，分化瓦解叛军的势力。更为重要的是，德宗改元贞元元年，寓意是与民更始，一切重新再来。

## 内乱平息，力挽狂澜。

《罪己大赦诏》一经颁布，立刻在民间和军队中引起了巨大的反响。不少叛乱军队归顺了朝廷，内乱局面得以控制，国家得到了暂时的安定。唐德宗的这一系列举措挽救了国家的命运。

原文

躁生百端，困出妄念，非止莫阻害之蔓焉。

译文

急躁冒进会带来无尽的灾难，困境中容易滋生邪恶的念头，若不及时停止，就不能阻止祸害蔓延。

## 点评

常言道：“人穷志短。”在逆境中，人们往往丧失理智，做事不计后果。

经验告诉我们，对现状不满而采取鲁莽的行动，并非摆脱困境的正确方法，反而可能使人陷入更深的泥潭。

在焦虑和妄想面前，最有效的策略是“止”。

这里的“止”并非单纯地停止或放弃，而是一种内心的修炼和自我控制。它要求我们在面对诱惑和困境时，不为外物所动摇，始终坚守着自己的信念和原则，冷静分析，寻找解决问题的方法。

# 曹髦身死名灭

## 年轻帝王轻率抗争，会付出怎样的代价？

曹髦，字彦士，三国时期曹魏的第四位皇帝。他年少登基，却面临着一个权臣当道、皇权衰落的艰难局面。此时曹魏政权已经名存实亡，实权完全掌握在司马家族手中。曹髦性格刚烈，在多次受到司马家族成员的掣肘后，终于忍无可忍，愤然喊出“司马昭之心，路人皆知”，公开揭露了司马昭的篡位野心。公元 260 年，曹髦未能充分准备和策划，就亲自率领数百名侍卫和奴仆，冲出皇宫，讨伐司马昭，结果遭遇了司马家族早已准备好的反击，曹髦也被太子舍人成济所杀。

## 逆境中宜韬光养晦，静待时机。

曹髦的失败和悲剧很大程度上归咎于他的急躁冒进。如果他能够学习司马懿的韬光养晦之功，隐忍不发，待机而作，或许能够找到更为稳妥和有效的方式来对抗司马家族。然而，曹髦的急躁冒进最终断送了他的生命和曹魏王朝最后的希望。

## 王朝终结，警示后世

曹髦的死，标志着曹魏政权的彻底终结。他的故事深刻地警示我们：在面对强大的对手和复杂的局势时，急躁冒进往往只会带来失败和悲剧。相反，冷静分析，韬光养晦，寻找合适的时机才是走向成功的关键。

原文

视己勿重者重，视人为轻者轻。

译文

不把自己看得太重的人，反而会被尊重；而把他人看轻的人，最终也会被人轻视。

## 点评

古语有云：“满招损，谦受益。”人生在世，最难得的便是有自知之明与对他人的谦让。

那些能够正确认识自我、不妄自尊大的人，往往更容易赢得他人的尊敬与信任；反之，那些自以为是、轻视他人的人，最终会在冷漠的人际关系中尝到苦果。

在现代社会，竞争异常激烈，人际关系也变得越来越错综复杂。如何保持自我本色，同时获得他人的尊重与支持，已经成为每个人都必须面对的课题。

有智慧的人，懂得谦逊与包容，他们深知“水低为海，人低为王”的道理，因此在待人接物中展现出宽广的胸怀和非凡的气度，散发出温暖的力量，从而能够赢得更多的友谊和支持。

# 黄石公的考验

## 偶遇老者刁难，如何抉择？

张良，“汉初三杰”之一，自幼胸怀壮志。一日，他信步于石桥之上，偶遇一位衣衫简朴的老者悠然自得地倚桥而坐。正当张良打算继续前行之际，老者出言让他去拾取不慎落到桥下的鞋子，而且言辞颇没礼貌。张良心中微愠，但他秉持尊老之礼，躬身下桥，拾起鞋子并呈还给老者，谁知老者竟要求张良为其穿鞋。张良虽感意外，却念及老者年迈，便毫无怨言地跪地为他穿鞋。

## 以谦逊待人，以诚信立身。

事后，老者留下一句五日后再会的约定，便悠然离去。五日后，张良严守承诺，拂晓即至，老者却已等候多时，并责令他五日后再来。张良心中困惑，却仍应允下来。又五天，张良吸取教训，夜半时分便已守候在桥边，静待老者到来。终于，老者满意地出现了，并从怀中取出一卷《素书》交给张良。此书乃老者毕生智慧之结晶，内含治国安邦之良策。张良接过《素书》，感激之情难以言表。自此以后，张良日夜研读《素书》，将其中的智慧融入实践之中，为汉朝开国立下不朽的功勋。

## 成就伟业，名垂青史。

张良的一生充满了传奇色彩，他辅佐刘邦建立汉朝，是历史上著名的谋士和政治家。而他与黄石公的桥上奇缘，更是成为千古佳话，被后人广为传颂。张良面对老者的无理要求，没有愤怒或逃避，而是以谦逊和诚信赢得了老者的认可，最终获得了改变命运的宝贵机会。他的成功，不仅在于他的才华与能力，更在于他谦逊待人、诚信立身的优秀品质。

原文

患以心生，以蹇为乐，蹇不为蹇矣。

译文

困境往往源自内心，若能将困境视为乐趣，那么困境也就不再是困境了。

## 点评

孟子曾言：“天将降大任于是人也，必先苦其心志。”

面对逆境与挑战，个人的心态往往决定了最终的成败。

当我们把内心的忧虑转化为前进的动力，将眼前的困难视为对意志的磨砺时，我们便会发现，那些曾经看似难以逾越的障碍，不过是通往更高境界的阶梯。

在现代社会，快节奏的生活和高强度的竞争使得许多人承受着巨大的压力，稍有不慎就可能陷入焦虑和抑郁的困境。

然而，当我们以乐观的心态去面对这些挑战，将每一次失败视为向成功迈进的一步时，再大的困难都将变得微不足道。

# 鉴真六次东渡

## 六次风浪，能否跨越重重阻隔？

鉴真，唐代高僧，本欲安心于国内修行，却因机缘巧合，担起了东渡日本传授佛法的重任。自天宝元年（742）起，鉴真率众弟子六次东渡，遇到许多挫折，如恶劣的天气、海盗的袭击、官府的阻挠等，甚至因长时间航海，身染重病而双目失明。然而，面对这接连不断的挑战与磨难，鉴真并未放弃，反而更加坚定了传法的决心。

## 以信念为帆，以坚韧之心为桨。

鉴真深知，自己的使命是将佛法带往需要它的地方。他将每一次失败视为上天的考验，将重重困难化作前行的动力。他以惊人的毅力和对佛法的坚定信仰，一次次克服重重阻碍，最终在第六次东渡时成功抵达日本。在那里，他不仅传授了佛教经典，还促进了中日两国间的文化交流与友好往来。

## 佛光普照，千古流芳。

鉴真在日本被尊称为“天平之甍”，他对日本奈良朝天平年间的文化发展起到了非常重要的作用，其影响十分深远，至今日本历史学家都称鉴真为日本文化的大恩人。他传授的佛法不仅净化了无数人的心灵，更在日本的社会文化中留下了深刻的印记。尽管历经多次失败与诸多磨难，但鉴真始终保持乐观的心态，最终成就了一番伟业。他的故事激励后人，让后人在面对困境时勇于坚守信念，不屈不挠地追求理想。

原文

穷不言富，贱不趋贵。

译文

穷困时不谈论富贵之事，地位低微不攀附权贵之人。

## 点评

孟子言：“贫贱不能移，威武不能屈。”这不仅是对个人品德的要求，更是对整个社会的期许。

保持一颗平常心，不因贫困而自卑，不因富贵而自傲，是一种难能可贵的精神境界。

现实生活中，许多人或因贫穷而自卑，处处逢迎，或因渴望权势而丧失自我，只知盲目追随权贵。

真正的尊严和价值来自内心的坚定和对自我价值的认同，而非外在的物质和地位。

只有每个人都能够坚守内心的信念，不为外界的诱惑所动摇，我们的社会才能更加美好，每个人的生命才能更加有意义。

# 杜甫的高洁品行

## 权贵当道，如何洁身自好？

“诗圣”杜甫出身名门，祖父是著名诗人杜审言。他年幼失恃，家道中落，却从未因此放弃对高尚品格的追求。他诗才横溢，却因诗风独特不为时人所赏，更因权贵如李林甫的阻挠，屡次科举不第。然而，这些逆境并未让杜甫屈服于权势，反而更加坚定了他不慕名利、坚守道德的信念。在长安的困苦岁月中，杜甫目睹了官场的腐败和权贵的跋扈。他没有选择随波逐流，也没有因贫穷而自卑，更没有因渴望施展抱负而丧失自我。相反，他以诗为剑，用文字针砭时弊，抒发对社会的忧虑和对人民的同情。他的诗句“朱门酒肉臭，路有冻死骨”深刻揭示了权贵的奢华与百姓的疾苦。

## 坚守信念，以诗传情。

杜甫在乱世中选择了坚守自己的信念，不向权贵低头。他以诗为媒介，传达了自己对国家的忧虑、对人民的同情以及对道德和正义的坚守。他用文字为百姓发声，为正义呐喊，展现了他不慕权贵、心系苍生的崇高情怀。

## 诗名永传，精神不朽。

杜甫的诗歌作品流传千古，成为中国文学史上不可磨灭的瑰宝。他的诗歌不仅因其艺术价值而被人称赞，更因其背后所蕴含的高尚品格和道德力量而被人传颂。杜甫因其崇高的精神追求和矢志不渝的道德坚守，成为后世文人墨客学习的楷模，也激励着一代又一代的人在逆境中坚守信念、追求真理。

原文

忍辱为大，不怒为尊。

译文

能够忍受屈辱是最大的美德，不轻易发怒则展现出最高贵的品质。

**点评**

孔子有言："小不忍则乱大谋。"

人生路漫漫，难免遭遇不公与侮辱，如何应对才能彰显智慧与胸襟？

有识之士能处逆境而坚忍，以宽容之心包容万物。

忍辱负重是通向成功的必由之路，如韩信忍胯下之辱终成大器，勾践卧薪尝胆得以复国。

一时的屈辱并非失败，而是通往辉煌的阶梯。

在现代社会，忍耐同样具有重要的意义。面对职场的不公、人际关系中的误解，我们需要保持冷静与理智，不因一时的冲动而毁掉长远的计划。

当然，忍耐也并非无止境地退让。在忍耐的同时，我们也要学会适时地表达自己的立场和原则。

# 苏武牧羊

## 身处异国他乡，如何维护国家尊严？

苏武，西汉时期著名的使节。他奉命出使匈奴，却不料遭遇变故，被匈奴扣留十九年之久。在这漫长的岁月里，苏武遭受了无尽的屈辱与折磨，但他始终坚守着自己的信念与对汉朝的忠诚，拒绝投降与背叛。

匈奴单于为了逼迫苏武屈服，将他流放到北海（今贝加尔湖）牧羊，企图以恶劣的环境和繁重的劳作来消磨他的意志。然而，苏武并没有被这些困难击垮，他依然保持着乐观的心态和强大的毅力，日复一日地牧羊，心中却时刻牵挂着远方的亲人和祖国。

## 坚贞不屈守信念，忍辱负重赢尊重。

身处异国他乡，苏武经历了无数的艰辛与困苦，他的坚贞不屈和忍辱负重不仅赢得了匈奴人的尊敬与敬佩，更为汉朝赢得了宝贵的荣誉与尊严。

## 忠诚之典范，流芳千古。

苏武在匈奴忍受了长达十九年的苦难，直至始元六年（前 81），才重返长安。长安的百姓纷纷出城迎接，赞颂他是一位坚守气节的英雄。苏武的故事激励着后人，让后人明白，无论身处何种境地，只要心中有信念、有坚持，就能克服一切困难与挑战。

原文

蹇非敌也，敌乃乱焉。

译文

困境本身并非真正的敌人，真正的敌人是内心的慌乱。

**点评**

人生难有坦途，艰难困苦如影随形。

外在的挑战与困苦虽使人疲惫，却非不可战胜。

真正令人心力交瘁的，是那些纷乱不安的情绪，它们能摧毁我们的意志，让我们在关键时刻失去方向。内心被欲望、恐惧、疑虑充斥，便难以做出正确的判断，更无法集中精力应对外部的挑战。

水至绝境，化为奇景；人至绝境，得以重生。

面对困境，我们应当调整心态，将压力转化为前进的动力，保持冷静，且无所畏惧。只有这样，我们才能绝处逢生，实现自我超越。

# 谢安：以心内之静，破棋外之局

## 大军压境，如何以弱胜强？

东晋时期，前秦苻坚大举南征，东晋京城建康陷入一片惊恐之中。谢安作为东晋征讨大都督，毫无畏惧之态，每日饮酒下棋，照常游乐。他的侄子谢玄上前请示战略，他悠闲地答道："朝廷已另有安排。"谢玄不放心，又派好友张玄去请示。此时谢安正在山中下棋，便请张玄入座。谢安棋艺本不如张玄，但因张玄忧心战事，所以最后谢安得胜。直到谢安游玩尽兴，返回家中，才召集主将，交代军机事务。不久，谢玄在淝水之战大获全胜。当捷报传来时，谢安正在与客人下棋，只是轻描淡写地说了一句"没什么，孩子们打败敌人了"，便继续下棋。客人离开后，谢安终于抑制不住心中的喜悦，手舞足蹈，雀跃入室，跨过门槛时甚至不小心把木屐上的屐齿碰断了。

## 以静制动，稳定人心。

谢安的成功之处，在于他能够在国家生死存亡之际，保持内心的平静与坚定。他没有被外界的困境动摇，而是用自己的行动来稳定人心，激发士气。他深知，真正的敌人不是前秦的雄兵，而是朝廷内外的恐慌与混乱。因此，他选择以静制动，用自己的冷静来感染周围的人。

## 转危为安，名留青史。

淝水之战的胜利，挽救了东晋的危局。而这一切的背后，离不开谢安那超乎常人的冷静与智慧，他也因此而名留青史。谢安的故事启示我们，在困境面前保持内心的平静与坚定是多么重要。

原文

世之不公，人怨难止。

译文

世道不公平，人们的怨恨就难以平息。

**点评**

怨恨往往源于社会的不公。

当怨恨累积到一定程度，其爆发时的破坏力是惊人的，不容任何人轻视。

实际上，要消解人们的怨恨，必须从治理社会开始。

若不从根本上解决问题，想要彻底消除怨恨，只能是空谈。

一个公正、透明且高效的制度体系，是维护社会稳定、促进社会公平正义的基石。

这意味着，无论是权贵还是平民，都应受到法律同等的约束与保护。

# 商鞅刑过不避大臣

## 如何确保法律的公正性？

商鞅，战国时期政治家，秦国变法的主要推动者。在秦国推行法治改革时，他面临一个严峻的挑战：如何打破贵族特权，让法律真正成为全体国民的行为准则？当时秦国贵族势力强大，许多人认为法律是约束平民的工具，与权贵无关。

## 刑过不避大臣，赏善不遗匹夫。

商鞅提出“壹刑”原则，主张“自卿相、将军以至大夫、庶人，有不从王令、犯国禁、乱上制者，罪死不赦”。他制定《秦律》，明确规定无论身份贵贱，只要触犯法律都必须受到惩罚。哪怕是太子的老师公子虔也曾因触犯法律而被施以劓刑。商鞅“法令至行，公平无私，罚不讳强大，赏不私亲近”的举措极大地震慑了秦国贵族，捍卫了新法的权威。

## 公平公正，法治兴秦。

商鞅的铁腕执法使秦国上下形成相对公平的法治氛围。通过严格执行《秦律》，秦国迅速建立起高效的法律体系，贵族特权被削弱，平民获得平等的发展机会。这场改革不仅使秦国国富兵强，还为秦国日后统一六国奠定了坚实的基础。

原文

穷富为仇，弥祸不消。

译文

穷人和富人对立为仇，遍布的祸患将不能消除。

## 点评

孔子有言：“不患寡而患不均。”

随着贫富差距的扩大，贫穷者可能因为生活的不易而对富者心生怨恨，而富者也可能因为自身的优越感而忽视贫者的困境，两者之间的鸿沟难以逾越，从而导致误解、嫉妒乃至冲突，形成恶性循环。

社会的天平上，穷与富始终在寻找着平衡。这种平衡被打破，便可能引发一系列的社会问题。如何化解穷富矛盾，是统治者必须面对的重要课题。

古有试图通过重新分配土地以缩小贫富差距的政策，今有各国政府推行的社会福利政策，如最低工资保障、税收调节机制及公共教育普及等，均是在努力寻找平衡社会天平的措施。

# 朱元璋推行重农政策

## 王朝初建，如何巩固统治基础？

朱元璋，明朝的开国皇帝，出身贫寒，深知民间疾苦。在建立明朝后，为了巩固统治基础，他实施了一系列旨在缩小贫富差距、促进社会公平的政策，其中最具代表性的便是重农政策。

## 授田薄赋，以农固本。

朱元璋下令，荒芜之地，无论是否属于地主豪族，只要农民开垦为耕地，即可永久归其所有，从而保障了贫民的基本生活。同时，朱元璋还大力推行重农政策，鼓励农民耕种，提高农业生产效率。他将土地授予农民耕种，并免除三年的赋税，大大激发了农民的生产积极性。

## 国运昌盛，民生改善。

朱元璋的重农政策减轻了农民的负担，促进了农业生产的恢复和发展。政策实施后，明朝初期的社会面貌发生了翻天覆地的变化。农业生产的恢复和发展，为国家的繁荣稳定提供了强有力的支撑；贫富差距的缩小，则缓解了社会矛盾，促进了社会的和谐与稳定。

原文

君子不念旧恶，旧恶害德也。

译文

品德高尚的人不会计较过去的恩怨，计较过去的恩怨会损害自身的德行。

**点评**

孔子曾言："君子坦荡荡，小人长戚戚。"君子之所以坦荡，是因为其心胸宽广，能容得下世间万物，包括过去的恩怨。

旧恶，如同心灵的枷锁，不仅束缚了自己，更在无形中消磨了德行。

现实生活中，许多人对恩怨难以释怀，他们或许因一时之气才记恨在心，却不承想，这样的执念不仅伤害了他人，更伤害了自己。

君子以德报怨，不是因为他们软弱，而是因为他们有更高的追求——修养自己的德行，让心灵达到更高的境界。

# 苏东坡与章惇：一笑泯恩仇

## 文豪巨匠，何以能对迫害释怀？

苏东坡，北宋时期著名的文学家、书画家，他才华横溢，但仕途坎坷。他曾因政见不合而遭到政敌章惇的打压，甚至被贬至偏远之地。在那段艰难的日子里，苏东坡饱受屈辱与折磨，但他却从未对章惇心生怨恨。多年后，当章惇因失势而被贬时，苏东坡反而写信安慰他，鼓励他保重身体。

## 胸怀天下，以文抒怀。

面对政敌的迫害，苏东坡之所以能够释怀，是因为他有着超乎常人的胸怀与气度。在他看来，政治斗争只是人生旅途中的一朵浪花，而个人的恩怨更是微不足道。他更愿意将精力投入文学创作中，以文字寄托情感，以智慧启迪后人。同时，他也始终保持着对友情的珍视与追求，即便对方曾是自己的政敌。

## 佳作传世，美名远扬。

苏东坡的一生虽历经坎坷，但他的才华与品格却得到了后世的广泛赞誉。他的文学作品、书法作品以及画作都是中华民族的文化瑰宝。而他对章惇的大度，让后人在感叹其文学造诣的同时，更敬佩其宽广的胸怀与高尚的品德。

原文

小人存隙必报，必报自毁也。

译文

小人如果心有怨隙，一定会设法报复，但这种报复最终将导致自我毁灭。

## 点评

人生在世，不可避免要与人交往，遇见形形色色的人物。

小人的内心阴暗而狭隘，他一旦感到不满或受到威胁，便容易萌生报复的念头，这种做法并不会为其带来益处。

如果确实曾经被人伤害过，并且伤害的行为极为恶劣，那么选择报复或许可以理解，毕竟我们没有权利要求他人宽宏大量。

然而，如果只是因为琐碎之事而心怀怨恨，甚至极力报复，那就如同饮鸩止渴，得不偿失。

那些因微小的分歧而耿耿于怀，并采取极端手段进行报复的人，大多会自食恶果。

宽恕他人的过失，放下心中的怨恨和执念，去拥抱新生活，才是明智之举。

# 魏其侯窦婴之憾

## 同为重臣，何必两败俱伤？

在西汉时期，魏其侯窦婴与武安侯田蚡均是朝廷中显赫的大臣。田蚡虽外貌不扬，却擅长辞令。在窦婴掌权期间，田蚡仅是一名郎官，频繁出入窦婴府邸，陪其饮酒，时而跪拜，时而起立，表现出对窦婴的极度尊敬，仿佛是窦婴家族中的晚辈。刘彻即位为汉武帝后，田蚡被封为武安侯，并被任命为太尉，后来又两度为相。田蚡得势后，与窦婴因为政见不同，产生了许多争执。田蚡迎娶燕王之女为妻，在婚宴上，窦婴的友人灌夫醉酒后辱骂宾客，田蚡因此向武帝弹劾灌夫，导致灌夫被处死。窦婴愤怒之下，揭露了田蚡与淮南王交往之事，田蚡因此心生怨恨。最终，窦婴遭田蚡陷害而被斩首。窦婴被处决后的次年春天，田蚡病倒，病中不断自言自语地请求宽恕。

## 宽以待人，避免结怨。

在复杂的政治斗争中，窦婴若能更加宽容大度，避免与田蚡结下深仇大恨，或许能幸免于悲剧。同理，田蚡若能退让一步，也不至于在害死窦婴后心怀愧疚，不得善终。

## 睚眦必报，难得善终。

田蚡虽然一时得势，但他狭隘的心胸最终也导致了他的自我毁灭。窦婴的悲剧虽然令人惋惜，但也提醒我们，在与人交往的过程中要保持宽广的胸怀和理智，避免因小的嫌隙而引发大的争端和报复行为。

原文

和而弗争，谋之首也。

译文

和平而不起争斗，这是谋略首先要考虑的。

## 点评

老子曰：“上善若水，水善利万物而不争。”这句话的意思是，最高的善行就像水一样，默默滋养万物，却从不与万物相争。

水之所以能够成为至善之物，正是因为其顺应自然、守柔不争的特性。

在处理人际关系时，我们也应该借鉴水的这种特性，学会以柔和的态度去面对各种冲突和矛盾，以包容的心态去接纳不同的观点和意见，从而达到“和”的境界。

当然，“和而不争”并非消极懈怠、不思进取，而是指在竞争激烈的环境中，以更高层次的智慧去寻得一种平衡，使得自身与他人都能够从中受益，即共生共赢。

# 郑和下西洋，以和为交

## 如何通过和平外交构建跨文明合作体系？

明永乐三年（1405）至宣德八年（1433），明成祖朱棣遣郑和率众七下西洋。面对印度洋沿岸诸国林立、海盗横行的复杂局势，郑和船队以“宣谕德化”为使命，在展现军事威慑力的同时，始终坚守“以利相交，以义相结”的外交原则。

## 开拓贸易，加强交流。

郑和每到一地，都以瓷器、丝绸、铜铁器和金银等物换取当地的特产，与亚非各国加强联系，既开拓了海外贸易，又加强了文化交流。郑和通过文化怀柔、经济共赢、安全保障、政治互信四个维度的系统施策，构建起跨文明合作体系。

## 以和为交，文明对话。

二十八年航海历程中，郑和船队的足迹遍及三十余国和地区，最远曾达非洲东岸、红海和伊斯兰教圣地麦加。这些航行比西方哥伦布、达·伽马等的航行早半世纪以上。郑和还通过以军事实力保障和平外交的方式，确立了明朝“万国来朝”的国际地位。至今东南亚留存的三宝山、三宝井等遗迹，印证着“共享太平之福”的东方智慧，为全球化时代的文明对话提供了历史借鉴。

## 原文

名不正而谤兴，正名者必自屈也焉。

## 译文

做事没有正当的名义，诽谤就会随之而起，想要正名的人往往需要先承受委屈。

**点评**

不当的名义往往会招致怨恨，成为失败的根源。

尽管名义本身可能是虚幻的，但它能使自己的行为合理合法化。

获取适当的名义往往需要以牺牲个人利益、委屈自己为代价，这既是正名的必要条件，也是化解公众不满的必要成本。

明智之士会权衡利弊，乐此不疲；而缺乏见识的人则会因小失大，忽略了长远的发展和社会的认可。

# 管仲：尊王攘夷

## 齐国为何在春秋乱世中首先崛起？

在春秋乱世中，诸侯纷争不断，齐国虽为大国，但亦面临诸多挑战。为了增强齐国的实力与影响力，管仲提出了“尊王攘夷”的策略。“尊王”，即尊崇周王室，维护周天子的权威；“攘夷”，则是指抵御外族入侵，保护中原地区的安宁。

## 正名行事，减少阻力。

管仲通过“尊王攘夷”的策略，让齐国“师出有名”，从而减少了在崛起过程中的阻力。他利用周王室的名义，对不服从中央的诸侯进行讨伐，从而进一步巩固了齐国的地位。同时，他也通过抵御外族入侵的行动，赢得了中原诸侯的广泛支持与信赖。

## 齐国崛起，霸业乃成。

齐桓公在管仲的辅佐下，不仅巩固了国内的统治，还通过一系列的外交手段与军事手段，成为春秋时期的第一个霸主。

原文

惑不解而恨重，释惑者固自罪焉。

译文

疑惑若得不到开解，便会累积成沉重的怨恨；想要消除疑惑，一定要进行自我谴责。

**点评**

人生在世，我们不可避免地会遇到误解和疑惑，这些情感往往在我们心中形成难以解开的结。

当疑惑出现时，如果我们不能迅速找到答案，疑惑便可能在我们心中种下怨恨的种子，这些种子会逐渐生根发芽，进而影响我们的判断和决策。

自我反省和自责是许多人不愿意采取的行动，而批评他人、争论是非，似乎对很多人来说易如反掌。但在充满敌意的对立关系中，批评和争论只会加剧仇恨，使冲突更加激烈；而在人际交往中，批评和争论同样会引发更多的纷争，播下不和的种子。

要真正认识自己、化解怨恨，人们必须拥有自责的勇气。这种勇气是真诚的象征，也是化解仇恨的关键。

面对一个真心悔过、不断自责的人，即便是最冷漠无情的心也会软化。

# 寇恂与贾复：化干戈为玉帛

## 如何化解猜疑与冲突？

东汉时期，寇恂和贾复是光武帝刘秀麾下的杰出将领。建武二年（26），贾复的部将在颍川犯下杀人的罪行，颍川太守寇恂将该部将逮捕关押。当时，将帅的部下触犯法律，通常会得到宽容，但寇恂却将该部将公开处死。贾复感觉受到了羞辱，行军途经颍川时，宣称若见到寇恂，定要亲自用剑刺他。寇恂闻讯后，决定避免与贾复碰面。寇恂的外甥谷崇认为贾复不足为惧，在会面时可由他佩剑保护寇恂。寇恂却说："不可如此。昔日蔺相如不惧秦王却忍让于廉颇，全是为了国家大义。"于是，他命令部下为贾复的军队供应双倍的饮食。因此，当贾复欲率军追赶寇恂时，其官兵皆已醉酒。随后，寇恂赶去洛阳，面见刘秀。贾复此时在场，欲起身回避，刘秀说道："天下未定，你们怎能私下争斗！今日我为你们调解。"于是，两人并肩而坐，结为挚友。

## 自我反省，以诚释怨。

寇恂主动承担责任，以真诚的态度去消除误会和怨恨，这种自我反省和勇于担当的精神不仅赢得了贾复的谅解，也赢得了整个军队的尊敬。

## 疑虑尽释，和睦共处。

在寇恂的努力下，原本剑拔弩张的局势得到了根本性的扭转。贾复也因刘秀的调解而放弃了复仇的念头，与寇恂重归于好。他们的和解不仅消除了个人之间的怨恨，也极大地稳定了军心，两人就此携手并肩，共同为安定天下的事业奋斗。

原文

私念不生，仇怨无结焉。

译文

**心中若无个人私欲，便不会结下仇怨。**

## 点评

在人生的旅途中，若能持守一颗无私的心，我们便能超越狭隘的个人利益，避免无谓的争斗与怨恨。

然而，面对利益的诱惑，人们常常容易失去自我，将个人的得失看得过重，从而忽视了更为重要的情感联系和道德准则。这些看似不起眼的私欲，往往成为触发冲突的开关。

因此，培养一颗无私的心，不仅是个人修养的展现，也是维系社会和谐与稳定的根基。

# 包拯铁面无私

## 为官一方，如何赢得天下敬仰？

包拯，北宋时期著名政治家，以刚正不阿、公正廉洁而闻名。知开封府时，他不惧权势，严格执行法律，为民众伸张正义，从而获得了民众的普遍赞誉和尊敬。在审理案件时，包拯从不偏袒任何一方，无论是皇室宗亲还是普通百姓，他都公平地对待。他坚守正义，勇于揭露和打击腐败行为，这使得当时的社会风气得到了显著的改善。

## 公正廉明，以民为本。

包拯的为官之道，核心在于他坦荡无私，始终将国家和人民的利益放在首位。无欲则刚，他铁面无私的背后，是对国家、对人民的责任。也正因如此，包拯尽管铁面无私、严格执法，却很少与人结怨。因为人们知道，他所做的一切都是为了维护公平和正义。

## 流芳百世，清官典范。

包拯的一生，清正廉洁、公正无私。他的事迹被后人广为传颂，他成为清官的典范。在民间，他被尊称为“包青天”，象征着公平和正义。他那黑面无私、手持尚方宝剑的艺术形象，也深深烙印在人们心中。他用自己的行动证明，一个真正为人民服务、维护公平正义的官员，是不会招致怨恨的，反而会赢得更多的尊重和敬仰。

原文

宽不足以悦人，严堪补也。

译文

宽容并不能讨好所有人，适当的严厉是必要的补充。

## 点评

宽容常被誉为一种美德，它如同春日细雨，能够滋润干涸的心田。

然而，过度宽容往往容易淡化原则、混淆界限，可能引发更多的不满与误解。

在需要明确规则与纪律的场合，适度的严厉显得尤为重要，它宛如坚固的堤坝，能维护秩序。

宽容与严厉并非相互排斥的，而是相辅相成、相得益彰的治理之道。

如果宽容在某些情境下会助长不良风气，那么严厉的介入便是必要的补充。

在家庭教育中，父母对子女的态度也应如此。在过度的溺爱下，孩子如同温室中的花朵，虽一时娇艳动人，却失去了独立的能力；而适时的严格管教，则如同接受风雨的洗礼，能帮助孩子培养出坚韧不拔的精神品质。

# 孟母宽严相济巧劝学

## 如何以恰当的方式激励孩子学习？

孟子年幼时，曾因无心向学而提前归家。面对孟子的懈怠，孟母并未直接责骂，当时她正在织布，便询问其学习情况。孟子随意地回答，显露出对学业的不重视。孟母举起剪刀，剪断了辛苦织好的布匹，然后语重心长地对孟子说："读书就如同织布，每一根丝线都需要精心编织，方能累积成寸。你如今荒废学业，就如同我剪断这布一样，前功尽弃，再也无法挽回。你应该珍惜时光，勤奋学习，方能有所成就。"孟子看到母亲因为自己的懈怠而痛心疾首，又目睹了织布被毁的惨状，顿时醒悟过来。他深感自责，明白了学习的重要性，从此立志发奋读书，不再懈怠。在孟母的悉心教导下，孟子逐渐成长为一代儒学大师。

## 以事喻理，宽严相济。

孟母的教育方式充分展现了宽严相济的智慧。她并未用粗暴的手段来惩罚孟子，而是通过生动的比喻和深刻的道理来触动其心灵。这种教育方式，既体现了孟母的宽容与她对孟子的关爱，又展现了她作为教育者的严厉与智慧。孟母成功地将自己的期望与要求通过"断织喻学"这一行为表达出来，让孟子在不知不觉中接受了教育。

## 浪子回头，勤学不辍。

孟母的教育取得了显著的成效。孟子在母亲的激励下，从无心向学转变为手不释卷、刻苦攻读。他最终成为儒家学派的杰出代表，对后世产生了深远的影响。孟母"断织喻学"的故事也流传千古，成为后人教育子女的经典案例。

原文

敬无助于劝善，诤堪教矣。

译文

恭敬对劝人改过没有帮助，而直言规谏却能使人受到教诲。

## 点评

敬意并不足以引导人们向善或纠正错误，只有那些勇于直言、揭示问题本质的人，才能真正触动人心，促使人们进行自我反省和改进。

在他人犯错时选择不劝阻，仅仅追求一团和气，并不能真正促进双方的友好关系，反而可能埋下怨恨的种子。

实际上，那些无论对错都一味恭敬、迎合的人，其行为往往被视为小人之举，最终会被识破并遭到嫌弃。

真正的朋友和正直的人会坦率地指出他人的错误，尽管这可能令人难以接受，但从长远来看，他们的真诚和善意终将被理解，人们会因此更加敬重他们。

苦口的良药之所以重要，是因为它能治愈疾病。只要你真心对待他人，必然会有美好的回报。

# 岳飞直言谏宗泽

## 面对权威，应该盲从还是诤言劝谏？

“靖康之变”后，国家动荡不安，岳飞毅然投身军旅，决心以身许国。在宗泽将军的麾下，岳飞凭借出色的武艺和军事才能，迅速崭露头角。建炎二年（1128），金军大举南下，宗泽制定了一套主动出击的战略，意图重振士气，挽回战局。岳飞在深入分析敌我态势后，认为当前金军势力强盛，且士气正旺，我军宜采取守势，等待时机再行反击。岳飞于是面见宗泽，直言不讳地指出主动出击可能带来的风险。宗泽认真听取了岳飞的意见，经过深思熟虑后，决定调整战略部署，加强防守，静待良机。这一决定，在后来被证明是正确的，它有效减少了军队的损失，并为后来的反击奠定了基础。

## 勇于诤言，以理服人。

在权威面前，勇于直言是帮助他人改正错误的关键。岳飞对宗泽的直言进谏，不仅体现了他个人的勇气和智慧，更彰显了他的忠诚与勇于担当。宗泽则以开放的胸怀和明智的决策回应了岳飞的诤言，两人的默契配合为后来的反击奠定了坚实的基础。

## 师徒情深，共谱忠勇篇章。

经过这次事件，岳飞与宗泽之间的师徒情谊更加深厚。在宗泽的悉心教导下，岳飞逐渐成为一名卓越的军事将领。宗泽在临终之际高呼“过河”，表达了他对岳飞以及整个宋朝未来的殷切期望。岳飞不负期望，为保卫国家立下了汗马功劳，他的英勇事迹被载入史册，成为后世传颂的典范。

原文

欲无止也，其心堪制。

译文

欲望永无止境，只有内心坚定，才能制服欲望。

## 点评

人生路漫漫，欲望如影随形。

欲望既可以是激励人们前行的力量，也可能是使人们失去方向的迷雾。

自古至今，无数英雄豪杰因欲望而崛起，亦因欲望而陨落。他们或许追求权势，或许渴望财富，或许沉醉于美色，但往往因欲望的无限膨胀而丧失自我，甚至走向毁灭。

面对无尽的欲望，只有保持内心的清明与坚定，才能避免被其束缚，达到真正的自由与超然。

聪慧的人懂得如何在欲望的海洋中航行，他们知道何时该扬帆远航，何时该收帆停泊。他们的欲望，在智慧的引导和道德的约束下，转化为推动人类文明前行的正能量。

# 曾国藩修身制欲

## 身处高位，如何克制欲望？

身处俗世，每个人都会遭遇欲望与理智的拉锯战，即便是以“克己复礼”著称的曾国藩，也未能免俗。在曾国藩所处的时代，大臣们通常妻妾成群，而曾国藩除了原配夫人外，仅在晚年纳了一名小妾。他在欲望与自制之间经历了深刻的内心冲突。他渴望与家人共度更多时光，同时又忧虑这会分散他投身学术研究的精力和时间。为了调和这种冲突，曾国藩选择与家人保持适度的距离。尽管如此，他内心深处仍不时涌起对他人家庭幸福的羡慕之情，特别是在与同僚交往时，他目睹同僚们在娇妻美妾的陪伴下享受幸福，这进一步激发了他内心的渴望。

## 修身养性，以志制欲。

为了缓解内心的苦楚并控制自己的欲望，曾国藩采取了一种简单而直接的方法——撰写日记。他将内心的欲望与挣扎悉数记录于日记之中，以此提醒自己要懂得修身养性，维持心灵的宁静。每当欲望浮现心头，他便在日记里告诫自己要保持节制。有时，为了维护心灵的纯净与淡泊，他甚至在日记中自称“禽兽”。

## 文正传世，德才兼备。

经过不懈的努力与自我修炼，曾国藩不仅在仕途上取得了辉煌的成就，更在文学、军事等多个领域留下了深刻的印记。曾国藩的一生，是不断自我完善与奋斗的一生。他以身作则，严于律己，宽以待人，其高尚的品德和卓越的成就，使他成为后人敬仰的楷模。

原文

惑无尽也，其行乃解。

译文

疑惑没有尽头，唯有行动才能消除疑惑。

## 点评

人们心中充满各种疑惑，这是人类认知过程中的自然现象，也是助推思想进步的重要动力。

疑惑不会自行消散，若不亲身实践、勇于探索，就无法找到正确的答案。

那些在疑惑面前停滞不前、畏缩不前的人，并未展现出真正的智慧。

在是非不明的情况下，任何观点都可能存在偏颇。

尽管实践可能会犯错，但畏惧实践所带来的停滞不前才是更大的错误。

“止”的真谛在于停止错误，而不是停止人们为消除疑惑而付出的实际行动。

# 徐霞客：三十余载云和路

## 游历三十余载，行走的意义为何？

徐霞客，明代著名的地理学家、旅行家和文学家。他自幼便对大自然充满好奇，渴望探索未知的世界。他游历考察三十多年，先后进行了四次长距离的跋涉，足迹遍及大半个中国，尤其是晚明局势动荡，盗贼蜂起，徐霞客在路上曾多次遭遇强盗，他出生入死，尝尽了旅途的艰辛。可无论如何，他始终保持着对自然的敬畏和热爱，每到一处，他都详细考察地形地貌、水文气候等自然现象，并将其记录下来。

## 勇于探索，实践出真知。

徐霞客的成功在于他敢于挑战未知，勇于实践。他没有被前人的知识和观点束缚，而是选择亲自去验证和发现。他的行动不仅解答了自己心中关于大自然的疑惑，更为后人留下了宝贵的地理资料和思想财富。

## 著书立说，影响深远。

徐霞客以坚定的信念和不懈的努力，最终完成了《徐霞客游记》这部举世闻名的地理著作。徐霞客因此成为中国地理学的奠基人之一。他的事迹和作品激励着一代又一代人勇敢地探索未知、追求真理。

原文

不求于人，其尊弗伤。

译文

不依赖他人的施舍，自己的尊严便不会受到伤害。

**点评**

《增广贤文》中说：“使口不如自走，求人不如求己。”个人的尊严，建立在自给自足的基础之上。

若一个人事事依赖他人，无所作为，不仅亲人会轻视他，外人亦会鄙夷他。

依赖他人，犹如藤蔓依附树干，虽可一时攀附，却终难独立。

自力更生，方能如松柏挺立，风霜不摧。

人生之路，坎坷不平，唯有自强不息，方能披荆斩棘、勇往直前。

站在相对的角度，“授人以鱼不如授人以渔”，教人以技能，胜于直接给予。

技能在手，方能自食其力，不畏将来。

# 齐白石自学篆刻

## 面对羞辱，如何自处？

齐白石是中国国画界的巨匠，其艺术造诣举世瞩目。他年轻的时候，家乡来了一个自诩篆刻大家的文人，许多人纷纷请求他刻制印章。身为画家，齐白石自然需要一枚印章，然而他出身木匠，对篆刻技艺并不精通。因此，他携一块寿山石，前往那个文人处请求刻制一枚印章。那个文人并未端详，便将石头搁置一旁，告知齐白石过些时日再来领取。待到约定之日，齐白石前往领取，却被告知要将石头磨平后再带过来刻章。齐白石只得耐心地磨平石头，再次呈递。不料数日后，齐白石得到的答复依旧是将石头带回去继续磨平。

## 自立自强，勇于挑战。

齐白石一气之下收回了寿山石，决定自学刻章技术，以摆脱对他人的依赖。没有篆刻刀，他就拿起一把修脚刀，连夜刻成了一方印章。他将这方用修脚刀刻成的印章展示给他人看时，竟意外地赢得了一片赞扬之声。

## 自我提升，成就大师。

从此，齐白石更加坚定了自学篆刻的决心。他虚心求教、刻苦钻研，不断提升自己的篆刻技艺。凭借着这种不甘平庸、自强不息的精神，他最终在篆刻领域取得了卓越的成就，成为集诗、书、画、印于一身的艺术大师。

原文

无嗜之病，其身靡失。

译文

没有过度的嗜好，便不会因此而迷失自我。

**点评**

嗜好是人心性的一种体现，本质上无可指责。然而，不良嗜好宛如潜伏的心魔，一旦萌生，便会悄然侵蚀人的意志，让人难以摆脱。

为了迎合这种由心性驱动的习惯，许多人不自觉地犯下错误，同时也为他人提供了利用的机会。

一个人的嗜好揭示了他的兴趣所在，但不良嗜好往往会导致人的堕落，这确实需要我们保持警惕。

有些人对此掉以轻心，不以为意，最终逐渐被不良嗜好腐蚀意志，使整个人生都发生了根本性的改变。

因此，一旦发现不良嗜好的苗头，应尽早根除，以免心魔壮大，对身心造成伤害。

# 吴王夫差的遗恨

## 亡国的原因竟是不良嗜好？

吴王夫差，春秋末期吴国君主，初时励精图治，大败越国，俘虏越王勾践。然而，胜利之后，夫差却沉迷于美色与享乐之中，尤其是对西施的宠爱，更是让他荒废朝政，不思进取。同时，他酷爱斗鸡走马，且不惜耗费巨资，以致劳民伤财。这些不良嗜好，不仅消磨了他的斗志，也削弱了吴国的国力，最终为越国的成功复仇埋下了伏笔。

## 警惕不良嗜好，防微杜渐。

吴王夫差的故事告诉我们：作为领导者，必须时刻保持清醒的头脑，警惕不良嗜好的侵蚀。一旦发现不良嗜好的苗头，便应立即采取措施，防微杜渐，以免其成为大患。同时，还应加强自我修养，培养高尚的情趣和远大的志向，以抵御外界的诱惑和干扰。

## 国破家亡，遗恨千古。

吴王夫差沉迷于不良嗜好，最终导致了自己的悲惨结局和吴国的灭亡。他的故事警示后人，必须时刻警惕不良嗜好的危害，以免重蹈覆辙。

原文

自弃者人莫救也。

译文

自我放弃的人，没人能够拯救他。

**点评**

决定一个人生死成败的，归根结底是个人的心志和努力。

内因是外因无法替代的，外在的条件和帮助固然重要，但它们只是辅助，真正的主角永远是自己。

一个人若缺乏自强不息的精神，即使拥有再好的资源和机遇，他也难以把握。

只有不断地自我完善，才能在人生的道路上走得更远、攀得更高。

# 汉成帝刘骜的堕落

## 帝王之尊，何以败于美色？

汉成帝刘骜本可继承先祖基业，开创盛世，然而，他却因沉迷于赵飞燕、赵合德姐妹的美色，逐渐荒废朝政，将国家大事置之脑后。他为了满足赵氏姐妹的奢华生活，不惜动用国库，劳民伤财。同时，他重用外戚，导致朝政大权旁落，为后来的王莽篡汉埋下了伏笔。在赵飞燕姐妹的蛊惑下，刘骜为绝后患，甚至亲手杀害了自己的亲生儿子。最终，他因纵欲过度，身体衰弱，死在了赵合德的寝宫之中，成为历史上因美色而亡的典型。

## 明辨是非，坚守正道。

汉成帝刘骜的故事告诫我们：无论身处何种地位，都应保持清醒的头脑和坚定的意志。面对诱惑与享乐时，要能够明辨是非，坚守自己的原则与责任。只有这样，才能避免走向自我毁灭的道路。

## 王朝衰败，遗臭万年。

汉成帝因自我放弃而沉迷于美色之中，最终导致西汉王朝的衰败。他的故事为后世所熟知，留下了无尽的耻辱与遗憾。这也再次证明了“自弃者人莫救也”的道理——一旦放弃自我约束，便只能任由命运摆布，走向不可挽回的深渊。

## 原文

苦乐无形，成于心焉。

## 译文

苦与乐并没有固定的形态，它们的形成取决于人的内心世界。

## 点评

面对相同的境遇，有的人能将苦转化为乐，保持乐观和积极的心态；而另一些人则可能深陷痛苦的泥沼，任由消极情绪吞噬希望。探究其根本原因，是心态的差异。

对苦与乐的认知和定位，直接决定了人的情感波动和应对策略。人们的观点不同，对苦与乐的定义也就大相径庭。

世俗之人往往以个人利益的得失作为评判标准，终日患得患失，一旦个人利益未能满足，便将其视为苦楚。

相反，品德高尚的人则能从道德和公义的角度出发，不计较个人的毁誉得失。

那些目光长远的人，其见识总是能超越世俗的束缚；那些只顾眼前利益、事事为自己谋取利益的人，往往无法成就伟大的事业。

# 颜回的乐与贫

## 如何在贫困中寻得心灵的富足与安乐？

颜回，孔子的得意门生之一，以安贫乐道著称。他身处陋巷，箪食瓢饮，却依然不改其乐。孔子曾赞叹道：“贤哉，回也！一箪食，一瓢饮，在陋巷，人不堪其忧，回也不改其乐。”颜回在贫困的环境中，却能够找到内心的平静与快乐，他的故事生动地诠释了“苦乐无形，成于心焉”的哲理。

## 以德为乐，以学为富。

颜回之所以能在贫困中保持快乐，是因为他内心有着坚定的道德信仰和对知识的无限渴望。他视道德为生命之根本，以学习为人生之乐趣。在他看来，贫困并不能剥夺他精神的自由与内心的富足。相反，正是这种贫困的生活，让他更加专注于内心的修养与对学问的追求。

## 德传千古，名垂青史。

颜回虽然一生贫困，但他的道德品质和学问造诣却赢得了后世的广泛赞誉。他的故事被后人传颂不衰，成为激励人们在困境中保持乐观与坚韧精神的典范。他坚韧的品格与乐观的精神，也成为中华民族优秀传统文化中不可或缺的一部分。

原文

荣辱存异，贤者同焉。

译文

荣誉和屈辱存在明显的差异，但贤良之人以平和的心态同等地看待它们。

## 点评

在这个世界上生存，我们需要保持一种积极的心态，这种心态就是平常心。

正如范仲淹所言：“不以物喜，不以己悲。”一个人应当在荣耀和屈辱面前保持镇定。

换言之，一个人在获得利益时，不应过于激动或兴奋，更不应因此而夜不能寐，这种行为显得轻率，也是过分重视名利的表现。这样的人，在遇到挫折时，往往容易变得消极悲观，无法承受失败的考验。

自古以来，那些真正能够做到宠辱不惊的人，往往拥有宽广的胸怀和卓越的智慧。他们不会被荣耀或屈辱左右，因此行为举止不会失常，能够做出恰当的判断和明智的抉择。

从思想上淡化对荣耀和屈辱的执着，是“止学”的核心，它能帮助人们放下功利主义，真正体验到人生的自由境界。

# 寇準的宦海浮沉

## 仕途跌宕，何以内心平和？

寇準幼年家境贫寒，但他本人十分勤奋好学。经过不懈的努力，他终于考取了进士。在寇準入仕之前，母亲深知权力诱惑可能使儿子迷失自我，而她重病在身，无法继续亲自教导，便画了一幅画，并附上一首诗，嘱咐身边的刘妈："若寇準变得傲慢，便将此画示之。"果不其然，当寇準官至宰相，权倾朝野之时，众多人士自发前来祝贺。刘妈见状，便将画作交到寇準手中。画作名为《寒窗课子图》，描绘了贫寒中的寇準刻苦读书的情景，画上的诗文写道："孤灯课读苦含辛，望尔修身为万民。勤俭家风慈母训，他年富贵莫忘贫。"读罢母亲的诗，寇準泪流满面，立即取消了宴席，从此过着俭朴的生活。官场多风雨，寇準最终还是因为丁谓的陷害而被贬。面对这突如其来的打击，寇準并未流露出丝毫的沮丧与愤怒。相反，他依旧恪尽职守，兴修水利，造福当地百姓。即便在晚年病重之时，他依然保持着平和的心态，赋诗自励："壮志销如雪，幽怀冷似冰。郡斋风雨后，无睡对寒灯。"

## 简朴自律，荣辱不惊。

寇準母亲的教诲犹如长鸣的警钟，时刻提醒他不忘初心、坚守正道。面对富贵，他不骄不躁；身处困境，他不失志气。这，才是真正的贤者风范。

## 贤名永传，激励后世。

寇準的故事不仅颂扬了他个人的品德与智慧，更永远激励着我们在复杂多变的世界中保持内心的宁静与坚守。

原文

事之未济，志之非达，心无怨而忧患弗加矣。

译文

当事情尚未成功，志向尚未实现时，内心没有怨恨，才能避免忧虑和祸患的侵害。

## 点评

人生鲜少一帆风顺。

在追逐梦想的过程中，我们不可避免地会遇到挫折与失败。

失败本身并不可怕，真正令人担忧的是人在失败面前丧失斗志，怨天尤人。

意志的崩溃无法帮助我们摆脱困境，相反，它只会使问题更加严重，让人生失去方向，从而加剧困境，招致更多的麻烦。

在逆境中，停止抱怨、保持积极的心态至关重要。如果此时无法坚持，成功将会与你擦肩而过。

实际上，意志坚定，不因失败而停滞不前，这便是成功的基石。终有一天，光明将会到来。

# 张骞出使西域

## 穿越敌国、开辟丝路，到底有多少艰辛？

汉武帝建元二年（前 139），张骞受命出使西域，旨在与月氏结成联盟，共同夹击匈奴。张骞一行人在穿越河西走廊时，不幸遭遇了匈奴的骑兵，结果全员被捕。在被匈奴扣留期间，张骞面对威逼利诱，始终不忘气节和使命。最后，张骞找到机会逃离，成功穿越了匈奴的领地。不幸的是，月氏已经迁徙至咸海附近。于是张骞又跋涉数月，抵达了大宛。在大宛国王的协助下，他最终抵达了大月氏。此时的大月氏已经无意与匈奴为敌，张骞的提议并未得到采纳。返回途中，为了避开匈奴，张骞改变了路线。然而，此时的羌人已经成为匈奴的附庸，张骞再次被俘。直到元朔三年（前 126），张骞才趁着匈奴内乱逃回了长安。张骞在外共十三年，出发时一百多人，归来的人数却寥寥无几。

## 坚守使命，坚韧不拔。

面对匈奴的阻挠、西域的变故以及归途的艰险，张骞始终坚守使命，无怨无悔。他坚韧不拔的精神，是他能够克服重重困难，最终回到汉朝的关键。

## 开辟丝路，利在千秋。

尽管张骞的出使未能达成与月氏结盟的目的，但他对西域的地理、物产、风俗习惯有了详细的了解，为汉朝开辟通往中亚的“丝绸之路”提供了宝贵的资料。他因此被汉武帝特封为太中大夫。后来，张骞随卫青出征匈奴，他深知水草资源所在，使军队得以不缺乏补给，因此立下大功，被汉武帝封为博望侯。

原文

仁者好礼，不欺其心也。

译文

仁德的人爱好礼仪，从不违背自己的良心。

## 点评

自古以来，中国被誉为礼仪之邦，对于中华民族而言，礼仪往往能够彰显个人的教养与品德。

仁德之士坚守礼节，却时常因此遭受损失。

尽管许多人对此抱怨不已，但仁德之士却不会因此改变自己的行为。

正是由于好人难做，好人的价值才得以彰显。

好人的信念是坚不可摧的，不会因为一时的得失而轻易动摇。

坚守内心的良知有时确实难以做到，人们可能会为自己的言行不一、言不由衷找各种理由和借口。

虽然在一般人看来，这种行为似乎司空见惯、不足为奇，但在仁德之人眼中，这却是必须避免的。

# 曾子杀猪

## 轻许的诺言有多少分量？

曾子，即曾参，春秋末年鲁国的思想家。曾子是孔子弟子中七十二贤之一，也是“儒家五圣”之一。有一次，曾子的妻子要去集市买菜，她的儿子一边跟着她一边哭泣。妻子为了安抚哭闹的孩子，随口许下诺言：“你乖乖待在家里，妈妈回来就杀猪给你吃。”孩子听后立刻安静下来。曾子归来，得知妻子的承诺后，便真的准备杀猪。妻子见状连忙阻止，说那只是哄孩子的话，不必当真。但曾子严肃地说：“对孩子可不能信口开河。孩子年纪小，不懂世事，只会学习父母的行为，听从父母的教导。今天你欺骗他，是教他学会欺骗。母亲欺骗儿子，儿子就不相信他的母亲，这不是用来教育孩子成为正人君子的办法。”于是，曾子把猪杀了，煮了肉给孩子吃。

## 信守承诺，以身作则。

曾子面对承诺，没有因为妻子的解释而改变初衷，而是用实际行动教育孩子要信守承诺。曾子的这一行为，不仅赢得了孩子的信任，也向妻子展示了作为父母应有的责任感和诚信的重要性。

## 教化子女，树立典范。

曾子杀猪的故事流传千古，成为教育后人的佳话。它告诉我们：无论面对的是孩子还是成人，承诺都是一种责任，是人与人之间信任的基石。轻许诺言，不仅会失去他人的信任，更可能误导下一代，让他们认为言而无信是可以接受的。

原文

智者示愚，不显其心哉。

译文

有智慧的人往往以愚钝示人，并不轻易显露他的思想。

**点评**

智者众多，但真正能够深藏不露的人却寥寥无几。他们深知锋芒过露易招致祸端，便以愚钝自居，实则是一种大智若愚的境界。这种境界能让人在喧嚣中保持清醒，在平凡中展现非凡。

不炫耀自己的聪明，不轻易表露自己的思想，是保护自己的重要原则。

聪明有时会招来麻烦，直率也容易成为他人的把柄。因此，保持警觉之心始终是必要的。

故意表现出的愚钝与真正的愚蠢截然不同，它是一种智慧的体现。

正如老子所言："大音希声，大象无形。"智者之智，不在于言辞的华丽，而在于内心的深邃与高远。

# 姜尚垂钓待时

## 身处乱世，何以施展抱负？

姜尚，商末周初时期杰出的政治家和军事家。他有经天纬地之才，却因家道中落，曾在棘津做过小贩，在朝歌做过屠夫，也曾是商朝贵族子良的家臣，但由于不擅长结交权贵而遭到驱逐。到了晚年，姜尚仍旧贫穷落魄，一事无成。在世人眼里，他是个愚钝且失败的老头子。后来，姜尚垂钓于渭水之滨，以此磨砺了自己的意志，他深入研究兵法、治国之道，过着贫贱而不堕青云之志的生活。

## 静待时机，厚积薄发。

当时周文王正在四处寻访贤人，在渭水边遇到了姜尚。文王很是重视，遂与姜尚进行了深入的交谈。两人一见如故，相谈甚欢，文王随即拜姜尚为太师，共商灭商大计。姜尚辅佐文王，对内发展生产，增强国力，对外实行联纵抗敌的策略，削弱了商朝的力量。待时机成熟，他亲率大军，与武王一同伐纣，最终推翻了商朝的暴政，建立了周朝。

姜尚的成功之道，在于他能够静待时机，不急于求成。他不断积累知识、磨砺意志，为日后的辅政做好了充分的准备。当机会来临时，他能够迅速抓住，并以深厚的学识和卓越的才能引领周朝走向繁荣。

## 功成名就，泽被后世。

姜尚辅佐周武王灭商建周，不仅实现了自己的政治抱负，还为后世留下了宝贵的治国理念和军事策略，他的名字和事迹被后世传颂不衰。

原文

服人者德也。

译文

真正能使人信服的是德行。

**点评**

孔子有云：“为政以德，譬如北辰，居其所而众星共之。”意思是说：统治者若以德治国，那他就像北极星一样，高居其所，所有的星辰都会环绕着它。

可见，德行是领导者凝聚人心、成就伟业的基础。德行的感召力，是权力和势力无法比拟的。

依靠权势压迫他人，虽能一时得逞，却难以长久，更无法赢得人们内心真正的认同，这恰恰是最大的危机。

因为只有心甘情愿时，人们才能全力以赴、忠诚不渝。

一个人的成功或许有许多原因，但他如果品行不端，终将难以善始善终。因为品行不端者，由于缺乏道义，难以让人真心效忠。

# 秦穆公的宽容与仁德

## 如何在逆境中重振国威？

春秋时期，有一次晋国大旱，晋惠公派人向秦穆公借粮。有人劝秦穆公不要借粮，应趁机讨伐。百里奚则对秦穆公说："天灾轮流更替，老百姓是无辜的，不可不借。"秦穆公依言借粮。过了两年，秦国饥荒，秦穆公派人向晋惠公借粮，却遭拒绝。有一天，秦穆公丢了一匹宝马，被岐山下的三百多个饥民抓住吃了。办案的官员抓到这些农民，想要法办他们。秦穆公说："君子不为牲畜而伤害人，我听说吃了宝马的肉而不喝酒会伤害身体。"于是秦穆公赐给这些农民美酒并宽赦了他们。第二年，晋惠公兴兵攻秦，秦穆公亲自率军迎战。秦穆公被晋军围困，命悬一线。就在这危急关头，那三百多个农民挺身而出，不仅救出了秦穆公，还帮助他反败为胜。秦穆公俘虏晋惠公，欲以其祭天帝。周天子求情，秦穆公夫人亦请求宽恕。秦穆公遂与晋惠公签订盟约，允其归国。晋惠公归国后，将河西之地献给了秦国，并派遣太子入秦为质。

## 宽容待人，以德报怨。

秦穆公深谙民心对于政治的重要性，决策时多从民意出发。晋饥荒时，他未乘人之危，反而听从贤士的建议援助晋国，赢得民心。对吃马的三百农民，他以德报怨，赦免且赐酒。

## 重振国威，名垂青史。

秦穆公在位时，在内政上善用人才，加强发展，在外交上以和为主，与晋国交好，向西扩张，使十二戎国服秦，拓地千里，称霸西戎，成春秋霸主之一。

原文

德之不修，其才必曲，其人非善矣。

译文

不注重修养品德的人，他的才能一定会偏离正道，他便不能善终。

**点评**

古语有云："有才无德，其行不远。"

才华横溢，固为世人所羡慕，但若德行有亏，才华便成了助纣为虐的工具。

一个道德沦丧的人，越是富有才干，对社会的危害也就越大。他们虽能凭借一时的智慧与才能风光无限，但终究难逃历史的审判。

真正的贤人，必定是德才兼备的。以德为本，以才为辅，方能流芳百世。

# 子玉兵败自杀

## 身居高位，德行与才能孰轻孰重？

楚国的将军子文在阅兵的时候，对待士兵就像对待自己的孩子一样，阅兵很快就完成了，而且一个人都没有受到惩罚。后来他推荐子玉来接替他的位置。子玉在阅兵的时候，治军有方，但手段严酷，他粗暴地鞭打了七个人，用箭射穿了三个人的耳朵。老臣都说子文看人很准，知道谁适合做什么，子文自己也很高兴能把位置让给合适的人。士兵们却对子玉的做法很不满意，私下里议论纷纷。贵族们则为子文的成功庆祝。芀贾听说了这些议论，对子玉产生了不好的感觉，所以就没有去祝贺子文。子文问起缘由，芀贾说："子玉不是一个好将军，我担心他会打败仗，所以拒绝祝贺。"第二年，子玉不听楚王的命令，和晋国在城濮开战，结果大败而归。楚王很生气，命令子玉自杀来谢罪。

## 德才兼备，方为良将。

子玉的故事启示我们：在选拔和任用人才时，应坚持德才兼备的原则，避免仅凭才能而忽视对品德的考察。同时，领导者也应不断加强自身的品德修养，以身作则，树立良好的榜样。只有这样，才能确保团队的长远发展和稳定。

## 德不配位，必有灾殃。

子玉的悲剧不仅是他个人的不幸，更是对后世领导者的深刻警示。这个故事告诉我们：在追求权力和地位的同时，必须注重德行的修养。否则，一旦德不配位，必将招致灾难性后果。

原文

纳言无失，不辍亡废。

译文

接纳忠言就不会有缺失，持续这样做就不会走向败亡。

**点评**

在历史长河中，无数朝代的兴衰更替验证了“纳言无失，不辍亡废”的深刻道理。

忠言逆耳利于行，只有虚心听取并接纳那些中肯的、有益的建议，才能在纷繁复杂的局势中保持清醒，不断前行。

反之，若一味地固执己见，拒绝听取他人的意见，最终只会导致失败与灭亡。

因此，保持开放的心态，持续接纳忠言，是避免失误，实现长久发展的关键。

# 秦穆公与蹇叔：忠言逆耳，兴邦安民

## 如何在危机四伏中确保国家的长治久安？

秦穆公，春秋五霸之一，其治国理政的成就离不开他对忠言的重视。在秦晋崤之战前夕，老臣蹇叔极力劝阻秦穆公出征，认为时机尚未成熟，且晋国已有所防备。然而，秦穆公被胜利的欲望冲昏了头脑，未能采纳蹇叔的忠言，执意出兵。结果，秦军在崤山遭遇埋伏，几乎全军覆没。战后，秦穆公痛定思痛，深刻地反省了自己的错误，重新起用蹇叔等忠臣，励精图治，最终使秦国逐渐强盛起来。

## 广开言路，从谏如流。

秦穆公的故事告诉我们：要想在危机四伏的环境中确保国家长治久安，就必须广开言路、从谏如流。面对不同的声音和意见，要保持开放的心态，认真倾听并仔细甄别。对于那些中肯的、有益的忠言，要勇于采纳并付诸实践。同时，也要建立健全谏言机制，鼓励臣子们直言不讳，为国家的繁荣富强贡献智慧和力量。

## 国运昌隆，广为传颂。

通过广开言路，从谏如流，秦穆公使秦国在激烈的诸侯争霸中逐渐崛起，他最终成为春秋五霸之一。他的治国理念和政治智慧被后人广泛传颂和借鉴，成为历史上一段不朽的佳话。

原文

小处容疵，大节堪毁。

译文

若在小事上容忍瑕疵，其累积起来的影响可能最终导致大节毁灭。

## 点评

古人云：“千里之堤，溃于蚁穴。”这句谚语深刻地揭示了一个道理：若忽视了细节上的问题，其负面效应会像滚雪球一样逐渐扩大，最终可能侵蚀一个人的品格和原则。

在日常生活中，我们经常面临一些看似不起眼的选择和决策，然而这些选择和决策往往反映了我们的价值观和道德标准。如果我们对这些小问题放任自流，长此以往，我们的核心原则——那些体现我们本质和信仰的品质——可能会逐渐被侵蚀，甚至崩溃。

一个人的品行高低，往往能通过他的日常行为表现出来。那些只擅长空谈的人，总会在行动中暴露出破绽。

事物自有其发展规律，只要细心观察，谨慎验证，我们不仅能辨别真伪，还能以此为突破口，以小见大，在不知不觉中洞察人心。

# 杨震拒金

## 小礼之拒，何以彰显大节？

杨震，东汉时期名臣，以为官清正廉洁著称。在他担任荆州刺史期间，他发现了王密的才能，并向朝廷推荐王密担任昌邑县县令。后来，杨震调任东莱太守，当他途经昌邑时，王密亲自出城迎接他。两人交谈甚欢，直到深夜，王密起身准备离开时，突然从怀中取出黄金放在桌上，表示要以此感谢杨震。杨震则回应道："我之所以推荐你，是因为我深知你的才华和品德，期望你能成为一位廉洁奉公的好官员。你这样做，岂不是辜负了我的期望和信任？"王密坚持说："现在夜深人静，不会有人知晓，请您收下吧！"杨震立即严肃地反驳："天知，地知，我知，你知！难道没有旁人在场，我们的良知也随之消失了吗？"王密听后满脸羞愧，只好作罢。

## 坚守原则，不容小过。

杨震面对故人的馈赠，断然拒绝，他深知，若收下这笔不义之财，便会失去对道德底线的坚守。杨震的拒金之举，不仅彰显了他个人的高尚品德，更传递出一种强烈的社会责任感和对国家法律的尊重。

## 流传千古，启示后世。

杨震"暮夜却金"之事，在古今中外都影响很大，后人因此称杨震为"四知先生"。他的清廉之名、公正之心也因此得以流传千古，他也成为后世学习的楷模。

原文

敬人敬心，德之厚也。

译文

尊重他人和他们的思想，是道德修养深厚的体现。

## 点评

树立威望与培养仁德，并非仅靠物质上的施惠所能成就的。

真正的尊重，应当触及心灵深处，理解并接纳他人的思想观点。这种尊重不仅能打动人心，更能化敌为友，赢得他人长久的敬佩。

一个人仅仅在表面上礼数周全，缺乏与他人在思想上的共鸣，便难以与他人达到真正的亲密无间。

从更宏观的角度来看，对一个民族的尊重，不仅体现在对个体的尊重上，更在于对其文化的深刻理解和学习。这种跨文化的学习，有助于推动文化的交流与融合。

有容乃大，思想上的包容，是统治者气量与品德的表现。

# 拓跋宏的全面汉化改革

## 如何巩固多民族国家的根基?

随着北魏疆域的扩张，其统治区域到达黄河以北，甚至到达淮河流域，文化的巨大差异给政权带来了隐患。历史教训表明，忽视文化差异将导致统治根基不稳、政权倾覆。因此，如何让北魏在黄河流域建立稳固的根基，成为北魏帝王面临的重要问题。拓跋宏即位后，深刻地认识到文化融合的重要性。他意识到，只有尊重并学习汉族文化，才能巩固多民族政权的根基。在冯太后的支持下，拓跋宏毅然决然地推动了全面的汉化改革。

## 尊重差异，全面汉化。

经济上，拓跋宏推行均田制以稳定民生，改革租赁和税收制度以强化中央集权。政治上，他改革官制，实施九品中正制改革，促进汉族官员的晋升，打破鲜卑贵族的垄断。为了彻底融入汉文化，拓跋宏力排众议迁都洛阳，尊孔子，推行儒家思想，同时改革姓氏和语言系统，禁止胡语，推广汉语，拉近鲜卑族与汉族的距离。

## 文化融合，国家强盛。

尊重与学习多元文化是推动国家变革与发展的重要途径。只有以包容之心对待不同文化，才能实现文化的交流与融合，进而推动国家的强盛与繁荣。拓跋宏的全面汉化改革不仅促进了鲜卑族与汉族的融合，也为北魏的强盛奠定了坚实的基础，更为后世提供了宝贵的经验。

原文

诚非虚致，君子不行诡道。

译文

真诚不可能从虚假中得来，因此君子为人处世从不采用欺诈的手段。

**点评**

追求虚名、沽名钓誉之辈，即便能暂时博得好名声，最终真相必将大白于天下。

在面对挑战时，一个人的真实本性总会显露出来，这是伪装者无法掩盖的。

真诚是人际互动的根基，仁德是个人修养的核心。

以真诚之心待人，远离欺诈，才能赢得他人的尊重和信任。

相反，那些试图通过欺诈手段来获取名利的人，最终只会被彻底揭露，遭到人们的鄙视。君子懂得高尚的品德不容许有任何虚假的成分，人的伪装终究做不到没有破绽。

只有从内心培养仁德，以真诚作为处世的准则，才能成就伟大的事业。

# 季布因诚致信

## 兵败逃亡，何以赢得信任？

季布，楚地著名的侠士，以言出必行、行必有果而著称。项羽派他率领军队，曾屡次使刘邦感到困窘。等到项羽兵败自刎，楚军覆灭以后，刘邦出千金悬赏捉拿季布，并下令有胆敢窝藏季布的要论罪灭三族。在逃亡过程中，季布得到了好友朱家的庇护。朱家深知季布的为人，更敬佩他的诚信与勇敢。于是，朱家冒险前往洛阳，向汝阴侯夏侯婴进言，力陈季布的优点，并指出刘邦若能赦免季布，不仅能彰显其大度，还能让天下士人归心。夏侯婴被朱家的话打动，遂向刘邦进谏，最终说服刘邦赦免了季布，并任命季布为郎中。

## 坚守诚信，言行一致。

季布的故事告诉我们：无论身处何种环境，面对何种危险，我们都应该信守承诺，这样才能赢得他人的尊重和信任，进而在人生的道路上走得更远、更稳。

## 诚信传世，千古美名。

季布任职期间，对待工作一丝不苟，对待朋友肝胆相照，从不食言。他的名声因此远播四海，连北方的匈奴单于都闻名而来，希望能与季布结交。汉文帝时，季布更是被任命为河东郡守，成为一方重臣。季布以他的诚信和勇敢，赢得了大家的尊敬和传颂，更成为后世学习的楷模和典范。

## 原文

祸由己生，小人难于胜己。

## 译文

**祸患从自身产生，而小人很难战胜自我。**

## 点评

要战胜他人，首先要战胜自我。

小人忽视修身，面对诱惑与罪恶时难以自持，这是他们失败的根源，与外界无关。

修身至一定境界，方能明辨是非、驾驭自我，不为情绪所动。

贪婪、恐惧、骄傲等情绪如同暗流，时刻试图引诱我们偏离正道，步入歧途。

因此，我们必须清醒地认识到，祸端就在我们的内心。在修身的过程中，我们应当学会倾听内心的声音，培养出一种内在的智慧。

这种智慧能够让我们在面对选择时，不被外界的喧嚣干扰，不被短暂的得失迷惑。它如同一盏明灯，指引我们在黑暗中前行，不迷失方向。

# 来俊臣：酷吏的末路

## 小人私欲膨胀，应如何自持？

唐朝武则天时期，朝局动荡，来俊臣凭借残忍、狡诈的手段，成为武则天的心腹酷吏。来俊臣与其党羽万国俊等人共同编写了《罗织经》，此书详细描述了如何编造罪状、设计情节、陷害无辜。他们还发明了众多令人发指的酷刑，让人闻风丧胆。每次朝廷颁布大赦令时，来俊臣总是先斩后奏，以确保自己的重犯不受赦免。来俊臣的狂妄与贪婪最终引来了众怒。他的属下卫遂忠因私怨诬告其谋反，联合多方势力共同揭发他的罪行。众怒难犯，武则天不得不下令审理此案。经过调查，来俊臣的罪行罄竹难书，最终被判处谋反罪，依法处死。

## 克制私欲，坚守道德底线。

来俊臣因为自己的贪婪与邪恶而自掘坟墓，他的故事警示后人：无论身处何种地位，都应当坚守道德底线，不被私欲驱使。只有这样，才能避免走上自我毁灭的道路。

## 众叛亲离，死无葬身之地。

来俊臣被处斩当天，洛阳城的百姓蜂拥而出，争相目睹这一大快人心的时刻。他的尸体被百姓愤而毁损，可见人们对他的痛恨与厌恶到了何种境地。

原文

谤言无惧，强者不纵，堪验其德焉。

译文

面对诽谤之言毫不畏惧，面对强势之人亦不纵容，这足以检验一个人的品德。

## 点评

处世之道，最重要的是坚守本心。

面对流言蜚语时能泰然自若，是基本修养；而在强权压迫下仍能坚持原则，才真正彰显人性的光辉。

来自强势者的压力如同汹涌的暗潮，既能裹挟盲从者，也能淬炼真君子。

真正的有德者面对强权时不会为虎作伥，更不会屈膝谄媚，而是以刚正不阿的风骨在是非曲直间划出清晰的界限。他们明白：纵容强势者的气焰，只会让不公滋生、蔓延；唯有坚守道义的底线，才能守护尊严。

这种不为强权所动的定力，恰似寒梅映雪，环境越是凛冽，寒梅越能绽放出沁人心脾的芬芳。

# 王猛惩治豪强

## 面对谤言与强权，如何坚守正义？

东晋时期的王猛，自幼喜好研读兵书，为人谨慎持重、多礼谦逊，对琐事不以为意，更不屑与轻薄之徒为伍。当东晋大将桓温进军关中时，王猛身着粗布短衣，以普通人的形象拜见。面对这位布衣之士，桓温意外发现了他非凡的才华，并欲委以重任。然而，王猛洞察到桓温无德，便拒绝了邀请。之后，苻坚登基为前秦皇帝，慧眼识才，重用王猛为中书侍郎。在治理始平县期间，面对横行霸道的地方豪强，王猛不畏权势，雷厉风行地打击豪强、惩治贪官污吏，即使面临重重阻力与威胁，亦毫不退缩。面对诽谤与指责，王猛坦然处之，当苻坚因为担忧王猛用力过猛而质疑他时，王猛以“治乱当用重刑，惩恶当惩大恶”的坚定信念回应，展现了他对国家利益的忠诚与对原则的坚守。苻坚最终被王猛深明大义的举动打动，放手让他继续行事，并对他连连提拔。

## 坚守信念，勇于抗争。

王猛应对困境的策略，是坚守自己的信念与原则。对于无端的诽谤与指责，他选择毫不畏惧；面对强权的压迫与威胁，他则勇于抗争。他深知，只有坚持正义，才能赢得人民的信任与支持，推动国家的进步与发展。

## 终获认可，传为典范。

王猛卓越的贡献得到了前秦上下的高度赞扬。他不仅成功整治了地方豪强与腐败现象，还为国家的繁荣与稳定奠定了坚实基础。其事迹被后世广为传颂，他也成为不畏强权、坚守正义的典范。

原文

不察其德，非识人也。

译文

不能洞察一个人的品德，就不叫懂得识人。

## 点评

评价某人，须兼顾其行为表现与内心世界，进行深度洞察，以辨识其道德品质。

尽管才华与能力不可或缺，但若缺乏高尚的道德做基础，其成就终将存在危机，难以长久维持。

因此，不深入探究一个人的道德品质，便无法全面了解其本质。

然而，人的道德品质犹如深埋的珍宝，不易一目了然，故而，识人不能仅限于表面，必须深入探究其内在的品质。

若仅依据表象做出判断，容易产生误解，甚至可能造成严重的失误。

识人的能力并非仅凭经验与观察所能获得的，它要求我们要不断加强个人修养，提升思想层次、知识水平和理论素养。

同时，还应树立仁爱与公正之心，以更全面、客观、公正的视角审视每一个人。

# 唐太宗识马周

## 如何洞察一个人的品德与才能?

马周是唐太宗时期的经世名臣，他出身农民家庭，早年生活贫困，但他勤奋好学、才华横溢。他曾是常何府中的门客，常何发现马周不仅学识渊博，而且见解独到，于是时常将朝中之事拿来与他一起讨论。唐太宗在询问常何对政事的看法时，常何便引述马周的观点，这些观点往往切中时弊，深得唐太宗的赞赏。唐太宗怀疑常何没有这样的才能，询问常何，常何如实相告。唐太宗通过常何了解到马周的为人和才能，决定召见马周。

## 细微观察，全面考量。

在召见过程中，唐太宗与马周进行了深入的交谈，他发现马周不仅学识渊博，而且思维敏捷，对国家大事有着清晰的判断和独到的见解。更重要的是，马周为人正直，不阿谀奉承，敢于直言进谏，这种高尚的品德深深地打动了唐太宗。于是，唐太宗决定重用马周。

## 慧眼识珠，共创盛世。

马周被唐太宗提拔后，提出了很多治国良策，都被唐太宗采纳。不久之后，马周便升任治书侍御史，兼知谏大夫。不仅如此，马周还深谙治理之道，政绩斐然，并且始终保持融洽的君臣关系，深得唐太宗信任。可以说，唐太宗能开创“贞观盛世”，与马周的谏言有着密不可分的关系。

原文

识而勿用，非大德也。

译文

能够识别贤能之人却不加以任用，这并不是真正的大德。

## 点评

识别人才是领导者的关键技能，它要求领导者要具备敏锐的洞察力和精确的判断力。

然而，仅仅具备识别人才的能力是不够的，真正的大德在于能够知人善用，使他们的才华在合适的岗位上得到最充分的展现，并为国家创造更大的价值。

正如刘备三顾茅庐邀请诸葛亮出山，此后一生对其委以重任，不离不弃，这不仅展示了刘备的识人之明，更彰显了他对人才的尊重。

相反，如果因为个人的偏见或私欲而错失贤才，那就是对国家不负责任，绝非德行高尚的行为。

# 唐玄宗与宋璟

## 盛世巅峰，可否长盛不衰？

“开元盛世”的辉煌成就，离不开唐玄宗初期的贤明政策。然而，随着宫廷斗争的加剧，唐玄宗在后期逐渐偏离了初心，其显著的表现便是他对贤相宋璟的冷落。初时，唐玄宗对宋璟深信不疑，凡宋璟所陈之良策，他皆能虚心纳谏，并将其付诸实践。在宋璟的鼎力辅佐下，唐朝迎来了“开元盛世”的辉煌篇章。那时，唐玄宗亲贤远佞，大唐政治清明，堪称盛世。然而，好景不长，随着国家步入平稳期，朝堂之上贪腐之风渐起，唐玄宗亦渐生懈怠之心，沉迷于享乐之中，对奸佞之臣偏听偏信，唐朝的政治生态悄然间发生了逆转。而宋璟，以其正直清廉、奉公守法的高尚品格，成了权贵们的眼中钉。他在朝廷中得罪了不少人，最终不幸落入小人的圈套，以悲剧收场，真是令人扼腕叹息。

## 保持清醒，坚持任用贤能。

唐玄宗晚年的失误，不仅是他个人的遗憾，更是唐朝乃至整个中国历史上一个沉痛的教训。作为帝王，在应对错综复杂的宫廷斗争时，必须保持头脑清醒，不被短期利益所蒙蔽，坚持选拔和任用贤能之士。

## 国势渐衰，遗憾连连。

一个王朝的兴衰成败，往往与君主是否能够坚持重用人才息息相关。唐玄宗因贪图享乐，听信谗言，未能坚持任用贤能之士，导致唐朝后期社会矛盾激化，国力衰退。这是唐玄宗的遗憾，也是后世必须深刻反思的历史镜鉴。